Prof. Dr. med. Gerd Schnack

Neue Körperwunder gegen Stress

Prof. Dr. med. Gerd Schnack

Neue Körperwunder gegen Stress

Rituale zum Entspannen im Alltag

KREUZ

© KREUZ VERLAG
in der Verlag Herder GmbH, Freiburg im Breisgau 2015
Alle Rechte vorbehalten
www.kreuz-verlag.de

Umschlaggestaltung: agentur IDee
Umschlagmotiv: © Vast Photography/First Light/Corbis

Zeichnungen im Innenteil von Wolfgang Pfau und Francesco Iorio

Satz: de·te·pe, Aalen
Herstellung: CPI books GmbH, Leck

Printed in Germany

ISBN 978-3-451-61362-3

Inhalt

Einstimmung	7
1. Kapitel Die Natur – Lehrmeisterin im Stressalltag	13
2. Kapitel Das Naturgesetz des Gegenschwungs	39
3. Kapitel Die technische Bewegung und ihre Folgen	47
4. Kapitel Die freie Energie der »Lebenskurve«	55
5. Kapitel Gegenschwung-Stretching gegen Muskel-Sehnen-Gelenk-Stress	63
6. Kapitel Das Bewegungswunder der Lachse – Wie kann der Mensch es kopieren?	77
7. Kapitel Stressbelastungen bei Mensch und Tier	89
8. Kapitel Das Vorbild der Naturvölker	99

9. Kapitel
Hoffnung durch Selbstorganisation

141

10. Kapitel
Nachhaltige Gesundheitsförderung durch Rituale

149

11. Kapitel
Rituale – entspannt durch den Stressalltag

155

Anhang

218

Einstimmung

Wenn man sich die dramatische Entwicklung stressbedingter Erkrankungen vor Augen führt, könnte man meinen, dass unser Körper der ständig wachsenden Stress-Lawine schutzlos ausgeliefert sei. Allein die etwa 1000 täglichen Neuerkrankungen an Typ-II-Diabetes in Deutschland lassen uns den Atem stocken. Und trotzdem dürfen wir den Mut und die Hoffnung nicht sinken lassen. Ganz bewusst sprechen wir im Titel von den neuen Körperwundern, die in jeder Körperzelle verborgen liegen und die allein durch unser Verhalten wirksam gegen Stress eingesetzt werden können.

> Es gibt in der Tat dieses Wunder, das tief verborgen in jedem von uns schlummert, das neu entdeckt und sofort umgesetzt werden kann, das ist das Wunder der natürlichen Bewegung. Tage- und wochenlang überwinden die Lachse mit eigener Energie die höchsten Wasserfälle – und das ohne Stretching und Energieriegel. Wie ist dieses Bewegungswunder möglich, wie kann der Mensch es nutzen? Das ist das Anliegen dieses Buches!

In unseren Zeiten weltumspannender Computertechnologie brauchen wir ein Wunder gegen die Invasion stressbedingter Erkrankungen! Schlafstörungen, Depressionen, Burn-out, diese neuen Volkskrankheiten machen nicht nur die Betroffenen ratlos, sondern auch die behandelnden Ärzte, weil trotz modernster Therapien durchschlagende Erfolge nicht in Sicht sind. Ist der Mensch von seinen Anlagen so anfällig ausgerichtet, dass er den neuen Herausforderungen im Industriezeitalter nicht mehr gewachsen ist? Nach wie vor dreht sich die Negativspirale in dramatischer Geschwindigkeit, wo soll das noch enden?

Aber es gibt Hoffnung, Hoffnung zum Besseren, wenn sich die Menschheit wieder ihrer natur-richtigen Begabungen erinnert. »Die Natur – unser bester Lehrmeister«, das ist die Meinung des Autors. Wir müssen uns nur auf den Weg zurück zu unseren natürlichen Anlagen begeben, die tief verborgen in unserem Inneren schlummern. Aus diesem gewaltigen Potenzial heraus kann eine Rückbesinnung auf unsere natürlichen Wurzeln erfolgen, die durch ein neues Bewusstsein einem Paradigmenwechsel zum Durchbruch verhelfen können. Der ständig wachsende Stress der Gegenwart macht uns nicht nur krank an Körper, Seele und Geist, er schürt auch Ängste, führt zu Schlafstörungen und Depressionen. Alle Welt warte auf durchgreifende Hoffnungssignale, die es aber nur durch ein »Zurück zur Natur« geben kann, denn die Natur hat nicht nur einen Jahrmillionen-Vorsprung an Erfahrung, sie hat bisher auch alles richtig gemacht und ihre Energiebilanz ist überaus positiv – ganz im Gegensatz zur modernen Technologie.

Stress und stressbedingte Erkrankungen sind nur dann zu überwinden, wenn wir alle natur-unrichtigen Verhaltensmuster durch natur-richtige ersetzen.

In der Natur wie in unseren natürlichen, körperlichen Begabungen, liegen gewaltige Erneuerungskräfte, die reale Wunder bewirken können. Die Erneuerungskraft natur-richtiger Prozesse kann durch den Jahrhundert-GAU Anfang der Achtzigerjahre nach dem Vulkanausbruch des

Mount St. Helens in den USA dokumentiert werden. Als dieser Berg explodierte, vernichtete er angeblich alles Leben meilenweit um sich herum auf Dauer. So zumindest die Lehrmeinung der Geologen weltweit, denn diese Zerstörungskraft war so unermesslich, wie sie die Gegenwart noch nicht erlebt hatte, Hiroshima und Nagasaki einbezogen. Und trotzdem, heute, nach nur 30 Jahren, ist wieder neues Leben entstanden, ein Wunder! Die widerstandfähigen Lupinen machten den Anfang, und inzwischen leuchtet die Farbenpracht zahlreicher neuer Blumenmatten. Die Biber und das Rotwild sind zurückgekehrt und neben zahlreichen Fischen auch die kräftigen Lachsforellen, deren Rückweg niemand kennt – ein Rätsel bis heute. In diesem Buch erfahren Sie, wie Forellen und Lachse Bewegung natur-gerecht umsetzten und dabei keine Ermüdung kennen, wie sie im Wasser sogar die Turbulenzen spiralförmiger Wirbel nutzen, um sich daran abzustoßen. So sind sie imstande, sogar bergauf Wasserfälle zu überwinden, was das Wiederauftauchen der Forellen in den »Todesbecken« des explodierten Vulkans erklären könnte.

Das sind Zeichen der Hoffnung nicht nur im Einflussbereich dieses Todesvulkans, die auch für uns Menschen im Stresszeitalter gelten, und die Worte Martin Luthers werden wieder aktuell: »Wenn ich wüsste, dass morgen die Welt unterginge, würde ich noch heute ein Apfelbäumchen pflanzen.« Lassen Sie uns zusammen diese Bäume der Hoffnung setzen, die allein auf dem Boden unserer natürlichen Anlagen gedeihen können.

Albert Einsteins Prognose dagegen ist düster: »Ich fürchte den Tag, an dem die Technologie unsere Menschlichkeit überholt. Die Welt wird dann eine Generation von Idioten sein.« So der berühmte Physiker.

Blockade der Sinne durch ständigen Handy-Kontakt

Die Erneuerungskraft der Natur ist auch in uns Menschen vorhanden, es gilt sie neu zu fördern, um sie aus ihrem Mauerblümchen-Dasein zu befreien. Im Zentrum steht dabei ein Nerv, der Vagus, der der eigentliche Zeremonienmeister unserer Gesundheit ist und der das parasympathische System des vegetativen Nervensystems beherrscht. Er ist der »Vagabund« unter den Nerven, weil er sich praktisch im ganzen Körper herumtreibt und daher schwer zu fassen ist. Einerseits ist er ein Herumtreiber, andererseits ein Gentleman, den man regelrecht auf die Bühne des Lebens drängen muss. Sein direkter Gegenspieler ist der Stressnerv Sympathikus mit konträrem Verhalten, dieser »ungleiche Bruder« drängt ins Rampenlicht, ihn muss man nicht lange bitten, schon bei der kleinsten Erregung ist er als führender

Auf einem Vagabunden ruht unsere ganze Hoffnung im Stresszeitalter! Und das ist der Vagus, der unser Entspannungssystem beherrscht, der aber der »Unschärfe-Relation« unterliegt und damit nur schwer zu fassen ist.

Einstimmung

Dramaturg dieser schnellen, lauten, grellen Welt in all ihren Stress-Situatioen präsent. Diese beiden »ungleichen Brüder«, der eine laut, der andere leise, gehören zum mehr oder weniger autonomen, vegetativen Nervensystem.

Vagabunden sind unstet, sie sind schwer zu orten und unser Vagus in besonderer Weise, denn sein Heimathafen ist das selbständige (autonome) vegetative Nervensystem, das sich bisher mehr oder weniger der Steuerung durch die Medizin entzogen hat. Dieses Sowohl-als-auch entspricht also einer gewissen Unschärfe des Vagus, analog zum Prinzip der Unschärfe, das der deutsche Quantenphysiker Werner Heisenberg geprägt hat. Hiernach ist es auf der subatomaren Ebene unmöglich, Lage und Impuls eines Teilchens gleichzeitig zu bestimmen, weil die eine Erscheinungsform sofort in der Unschärfe der Gegenseite übergeht, wenn man glaubt, sie fassen zu können.

> *Vagabunden sind schwer zu fassen, sie sind unscharf in der Darstellung, sie leben im Abseits der Verschwommenheit. Unser Vagus zieht die Unschärfe des Abseits vor, obwohl von aller Welt im Stresszeitalter gesucht!*

Trotz alledem, unser Vagus ist präsent und durchaus einsatzbereit, wie neue Studien aus Österreich belegen. Schon mit Nadelhölzern und ihren ätherischen Ölen lässt sich unser Vagabund aus der Reserve locken. Unser Puls schlägt deutlich langsamer, wenn wir uns zu Hause mit Hölzern umgeben, wenn wir in einem hölzernen Bett schlafen. Stehen vor den Krankenhausfenstern Bäume, führt das zu besseren Heilungsergebnissen. Schüler in Massiv-

> *Entspannt und gesund durch einen hohen Vagustonus! Hol dir Nadelhölzer ins Haus! Der Große Ruhenerv, der Vagus, steht für Entspannung und Erholung, er beruhigt das Herz und wirkt gegen Entzündungen und Krebs. Das sind erste Lichtblicke im Stressalltag.*

holz-Klassenzimmern unterrichtet, zeigten nicht nur niedrige Pulszahlen, am Ende des Schuljahres waren sie auch entspannter. Das Holz sollte allerdings unbehandelt, also offenporig sein, höchstens mit Wachs oder Leinöl bestrichen, kein Holzdekor aus Spanholzplatten (Maximilian Moser und Ernst Thoma: *Die sanfte Medizin der Bäume*).

1. Kapitel

Die Natur – Lehrmeisterin
im Stressalltag

Energieersparnis – das Überlebensprinzip der Natur

Die Natur ist voller Wunder. Der Marathon der Lachse, die tage- und wochenlang gegen eine reißende Wasserströmung anschwimmen, gleicht einem solchen Wunder, genauer: einem Energiewunder der Natur. Aus naturwissenschaftlicher Sicht offenbart sich ein Energietransfer, der uns nur staunen lässt. Zu gleichen Leistungen sind übrigens auch Forellen bei der Überwindung von Wasserfällen imstande, wenn sie bergauf alle Strömungshindernisse der Flüsse meistern. Das hat der Evolutionsbiologe James C. Liao von der Harvard University mit Kollegen vom Massachusetts Institut of Technology Cambridge mittels EMG (Elektromyografie, Messung der elektrischen Muskelaktivität) untersucht.

Hierbei zeigte sich, dass die Fische nur einen Teil der hinteren Flossenmuskeln in typischer Slalomtechnik einsetzen müssen, weil sie allein durch das ständig wechselnde Richtschwung-Gegenschwung-Prinzip einen optimalen Energietransfer gewährleisten können. Ein Vorgehen, das mit den Wendemanövern eines Segelschiffes gegen die Windrichtung durch ständiges Kreuzen vergleichbar ist.

Durch den relativ geringen Muskeleinsatz beim typischen Flossenschlag sparen die Fische erheblich an Kraft. Doch damit nicht genug: Der Energieverbrauch wird zudem durch das Abstoßen an wechselnden Turbulenzen im

Wasser gedrosselt, wie z. B. an Strudeln oder Wasserwirbeln, die vorrangig in Grenzflächensituationen entstehen, wenn schnelles auf langsames Wasser trifft. Treten die Tiere dann noch in Massen auf, tritt ihre Schwarmintelligenz in Erscheinung, die für zusätzliche Turbulenzen sorgt. Wie im Wasser erzeugt das Sozialverhalten im Schwarm übrigens auch in der Luft Turbulenzen, die dafür sorgen, dass die Vögel sich im Flug von diesen Luftwirbeln abstoßen und, auf diese Weise nach vorn getragen, eine Menge an Energie einsparen können. Nach vorn katapultiert können sich die Vögel von Spiralwirbel zu Spiralwirbel sogar in Frontrichtung durchhangeln.

Was würde geschehen, wenn der Mensch auf der Autobahn statt hoher Geschwindigkeit mit der Schwarmintelligenz der Tiere unterwegs wäre?

Stellen Sie sich einmal vor, der Mensch würde in seinem Fahrverhalten auf der Straße die Schwarmintelligenz der Fische und Vögel entwickeln. Plötzlich wären wir nicht mehr in einem ständigen Gegeneinander auf der Autobahn unterwegs, sondern miteinander in Kohorten zu viert oder zu sechst, in der das Führungsfahrzeug ständig abwechselte, wie man das vom Radsport kennt. Durch dieses Windschattenfahren könnten wir viel an Kraft, Nerven und Benzin einsparen – und das bei deutlich vermindertem Unfallrisiko. Ein völlig neues soziales Miteinander wäre die Folge, das nicht mehr von der Stärke des Motors, sondern von einer bestimmten Form der Schwarmintelligenz bestimmt wäre. Nicht mehr die Größe des Autos mit möglichst vielen Pferdestärken wäre das Maß aller Dinge, sondern diese spezielle Form emotionaler Intelligenz. Und ganz automatisch würde sich die allgemeine Geschwindigkeit auf moderate Drehzahlen des Motors reduzieren, ohne dass der Gesetzgeber mit neuen Verordnungen eingreifen müsste.

> Im Gegensatz zum Menschen ist das Überlebensprinzip in der Natur die Energieersparnis. Bei natürlichen Bewegungen geht es – im Gegensatz zum Menschen – nie um Maximalkraft, sondern um gerade so viel Energieeinsatz, wie es die momentane Situation unbedingt verlangt.

In der Natur hat die Energieeinsparung absolute Priorität! Das Beispiel der Forellen zeigt zudem, dass bei der Bewegung nur so viel Muskulatur eingesetzt wird, wie unbedingt nötig. Fische nutzen zum Antrieb nur einen Teil ihrer Flossenmuskeln, der Mensch dagegen strebt stets das Maximum seines Kraftpotenzials an.

In diesem Zusammenhang interessant: Insekten weisen den höchsten Stoffwechseltransfer aus, denn bei ihnen gelangt der Sauerstoff über Atmungsröhren (Tracheen) direkt ins Gewebe. Diese optimale Versorgung ist nötig, weil Insekten beim Fliegen viel Energie verbrauchen, so steigert eine Biene ihren Stoffwechsel um das Zwanzigfache, der Mensch schafft beim Laufen nur das Fünffache. Hierin liegt der Grund, warum die Insekten in ihrem Überlebenskampf so erfolgreich sind.

Für Bewegungs- und Wachstumsprozesse in der Natur gelten grundsätzlich andere Regeln als in der menschlichen Gesellschaft:

- Nicht Energieverbrauch, sondern Energieeinsparung um jeden Preis hat oberste Priorität.
- Nicht die Maximalleistung steht im Mittelpunkt, sondern das Optimum, das mit dem geringsten Einsatz erreicht werden kann.
- Die Bewegung lebt nicht allein vom Antriebsmotor, das gesamte Umfeld wird beim Energietransfer mit genutzt.

Nur durch dieses komplexe und intelligente Energiekonzept sind die gewaltigen Leistungen in natürlichen Prozessen zu verstehen. Wie schwer tut sich dagegen der Mensch! Was hat er in seiner bedingungslosen Anpassung an die moderne Zivilisation eigentlich alles falsch gemacht?

Eines ist sicher, der Lachs ist in der Entwicklung seiner Fischnatur immer treu geblieben. Die oberste Maxime des Menschen dagegen war in allen Epochen auf die Beherrschung und Ausnutzung aller natürlichen Ressourcen ausgerichtet. Unter Verleugnung seiner natürlichen Anlagen ging der Handlungsbedarf des Menschen sogar so weit, für die Erhaltung seiner eigenen Gesundheit ganz auf das Prinzip der Selbstorganisation natürlicher Prozesse zu verzichten. Ohne Wenn und Aber hat man auf eine Medizin gesetzt, die vorrangig symptomatisch ausgerichtet ist und Handlungsbedarf erst dann für gegeben ansieht, wenn das Kind bereits in den Brunnen gefallen ist, der Erkrankungsfall also schon vorliegt. Die vorherrschenden Leitlinien dieser aktuellen Hightech-Medizin, deren Erfolge ich sehe und anerkenne, werden vorrangig von moderner Technik in Verbindung mit Mechanik und in enger Kooperation mit der Pharmaindustrie bestimmt. In dieser betont »naturwissenschaftlichen« Strategie hat der Mensch in fast allen Bereichen seine natürlichen Anlagen aufs Spiel gesetzt, insbesondere sind durch die einseitige Anpassung an die Technik die natur-richtigen Bewegungen vollständig in Vergessenheit geraten.

Aus seinem natur-richtigen Urverhalten wurde der Mensch durch die einseitige Anpassung an die Technik in ein naturunrichtiges Verhalten geführt:

- Aus dem Laufwesen wurde ein Sitzwesen.
- Die allseitig tätige Aktivität in Wald, Feld und Wiese wurde auf die Monotonie der Bedienung technischer Hilfsmittel reduziert.
- Damit büßte der Mensch seine Elastizität ein, das wichtigste Energiekonzept aller natürlichen Prozesse, analog zu einem wogenden Kornfeld im Wind. Ein einzelner Kornhalm ist ein Wunder natürlicher Flexibilität, das auch die kühnste Architektur in ihrem Wettlauf um das höchste Gebäude dieser Welt nicht erreichen kann.
- In der Natur gibt es keine geraden Wege. Der Mensch in seinem Vorwärtsdrang setzte bevorzugt auf die pfeilgerade Dynamik, um schnell und auf kurzem Wege ans Ziel zu gelangen. Aus Sicht der Bionik (Biologie und Technik)

hätte sich die Menschheit den Irrweg der linearen Mechanik ersparen können.

- Die Kraft kommt aus der Stille, die allerdings dem lauten Zeitgeist geopfert wurde.

Goethe und unser Stressszenario

Bereits vor mehr als 200 Jahren hatte Goethe diese Entwicklung im zweiten Teil des *Faust* thematisiert. Faust erscheint im 5. Akt als Ingenieur und »Weltverbesserer«. In seinem Vorwärtsdrang bricht er in die heile Welt von Philemon und Baucis ein. Dieses alte Paar lebt noch gottesfürchtig und im Einklang mit seiner natürlichen Landschaft am Meer. Faust dagegen möchte dem Wasser Land abgewinnen, das einfache Leben von Philemon und Baucis passt so gar nicht in das Faust'sche Weltbild:

Die Sonne sinkt, die letzten Schiffe,
Sie ziehen munter hafenein.
Ein großer Kahn ist im Begriffe,
Auf dem Kanale hier zu sein.
Die bunten Wimpel wehen fröhlich,
Die starren Masten stehn bereit;
In dir preist sich der Bootsmann selig,
Dich grüßt das Glück zur höchsten Zeit.

In diesem Moment klingt das kleine Glöckchen der Kapelle und erinnert Faust an Philemon und Baucis in ihrer engen Verbindung zur Schöpfung, und er ruft zornig aus:

Verdammtes Läuten! Allzu schändlich
Verwundet's, wie ein tückischer Schuss;
Vor Augen ist mein Reich unendlich,
Im Rücken neckt mich der Verdruss.

Die Natur – Lehrmeisterin im Stressalltag 19

Faust ist ganz auf Gewinnmaximierung eingestellt. Bescheidenheit, Natürlichkeit in Verbindung mit einem urwüchsigen Gottvertrauen, wie Philemon und Baucis es vorleben, ist für Faust ein unnützes Abschweifen in die Ewigkeit, wenn er ausruft:

> Dem Tüchtigen ist diese Welt nicht stumm.
> Was braucht er in die Ewigkeit zu schweifen!
> Was er erkennt, lässt sich ergreifen.

Diese technische Welt entspricht der linearen Mechanik, sie ist schnell, direkt, sie peilt ihr Ziel auf geradem Wege an. Dynamische Prozesse sind der Natur fremd, natürliche Landschaftsformen kennen nicht die *diretissima*. Ein ursprünglicher Fluss schwingt in Mäandern großzügig in Zeit und Raum durch die Landschaft, die der Mensch inzwischen jedoch nachhaltig im Sinne der linearen Mechanik verändert hat. Kanalisierung statt Mäander, lautete das Motto, das Wasser floss schneller, und die Hochwassergefahr ist gewachsen.

Die logarithmische Spirale

Das prägende Energiekonzept natürlicher Prozesse ist nicht die pfeilgerade Dynamik, sondern die logarithmische Spirale.

Die logarithmische Spirale hat ihren eigenen Rhythmus, der durch den ständigen Wechsel der Gegensätze bestimmt wird. Diesen prägenden Rhythmuswechsel kennt die lineare Mechanik nicht. Das Wechselspiel der Spirale im Austausch sich gegenüberliegender Extreme ist das Grundprinzip natur-richtiger Bewegungen. Dabei ist das Ziel der logarithmischen Spirale klar ausgewiesen: Balance, Harmonie, Gesundheit, Sinn, Werte, Glaube. Die Gesundheit ist für den Menschen ein Leben lang ein wichtiges, wenn auch nicht das einzige Ziel. Unser Schicksal ist es aber, dass die absolute Gesundheit vielfach eine Wunschvorstellung ist, die zum Greifen nah erscheint, jedoch nie zum festen Bestandteil unseres Lebens wird. Ein Leben lang müssen wir uns auf den Weg machen, um uns nach dieser Vollkommenheit zu strecken, und in Wirklichkeit sind wir immer nur mehr oder weniger gesund.

Die technische Entwicklung des Menschen

Die natürliche Entwicklung des Menschen

Noch einmal: Nicht der Pfeil in seiner direkten Dynamik, sondern die logarithmische Spirale mit ihren gegensätzlichen Schwingungsbahnen ist das prägende Energiekonzept der Natur. Auf diesen langen Wegen spielen natürliche Prozesse in Zeit und Raum ihr Wachstumspotenzial aus. Der Mensch in seiner dynamischen Ausrichtung hat einer permanenten Beschleunigung den Vorzug eingeräumt, in der Zeit und Raum in einer linearen Gerade verschmelzen:

Die Natur – Lehrmeisterin im Stressalltag 21

- Flüsse fließen in spiralförmigen Mäandern, der Mensch hat sie kanalisiert. Damit hat er das Wassers schnell gemacht, abzulesen an den ständig steigenden Hochwasserkatastrophen.

- Blumen, Bäume, Pflanzen ranken sich dem Sonnenlicht entgegen, sie wählen nicht die schnelle Gerade, sondern den Umweg der Spirale. Spektakulär in Szene gesetzt in großen Höhen gegen Wind, Regen und Schnee. Korkenzieherartig schrauben sich die Bäume auf Korsika in 1800 Metern Höhe dem Sonnenlicht entgegen, nur so ist ein optimaler Energiegewinn möglich; das gleiche Verhalten zeigen die Arven oder Zirbelkiefern in Graubünden und Tirol.

- Der Mensch baut seinen Wohnraum linear mit Ecken und Kanten. Die Schnecke wählt bei ihrem Wunderwerk den Weg der Selbstähnlichkeit, wobei jede neue Schicht in ihrem Wachstum der vorangegangenen ähnelt, jedoch niemals identisch ist. Womöglich liegt hier auch der Grund, warum wir uns in alten Klostergewölben so wohl fühlen. Von dieser Baukunst war schon ein Leonardo da Vinci in den Bann gezogen, für ihn war die Natur mit ihren logarithmischen Spiralen Vorbild. Nur so ist es zu erklären, dass die *Mona Lisa* bis in die Gegenwart hinein Menschen in ihren Bann zieht.

- Trifft in einer Strömung schnelles Wasser auf langsames, sind spiralförmige Wasserwirbel die Folge, die dem Fluss seine Lebendigkeit verleihen. Das sind die betörenden Grenzflächensituationen in der Natur, entstanden aus der direkten Konfrontation im Wechsel von einem Extrem zum anderen. Das ist das Phänomen des Zwielichts in der Morgendämmerung oder des Abendrots beim Übergang vom Tag zur Nacht.

Das prägende Energiekonzept der logarithmischen Spirale ist aber nicht nur in der Natur anzutreffen, sondern auch im menschlichen Organismus. Die steuernden Kommandozentralen in unserem Körper sind spiralförmig aufgebaut:

- Die Erbsubstanz der DNA ist eine Doppelhelix.
- Die Mitochondrien, unsere Kraftwerke, sind spiralförmig angeordnet.
- Das Herz in seinem Dauereinsatz ist kein Motor, sondern ein spiralförmiges Turboaggregat, das nach dem Prinzip der Raumverkleinerung-Raumerweiterung arbeitet.
- Auch die leistungsstarken Spermien haben spiralförmige Triebwerke.
- Die Fingerkuppe, unser persönliches Markenzeichen, ist eine Spirale.

Die Natur – Lehrmeisterin im Stressalltag 23

Nur die Spirale kann die unendlichen Variationen zustande bringen, die in diesem kleinen Areal untergebracht werden müssen, um kleinste Veränderungen bei fast sieben Milliarden Menschen zu ermöglichen. Das könnte der Kreis nicht.

Die Hand mit der Oppositionsstellung des Daumens ist eine Spirale, dabei beschreibt jede Fingerbeugung den Bogen der logarithmischen Spirale.

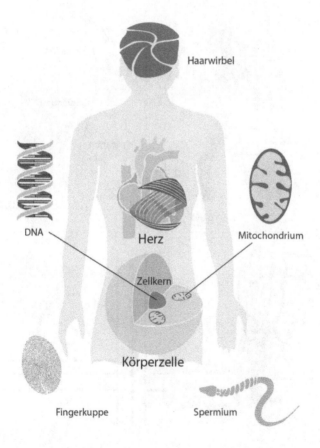

- Zwei lineare Gelenkachsen müssen im oberen und unteren Sprunggelenk zusammengebracht werden, damit der Fuß spiralförmig am Boden abrollen kann. Die Verbindung von zwei Geraden bei optimalem Energietransfer ermöglicht nur die logarithmische Spirale, am Fuß ebenso, wie bei der Verbindung der Nord-Süd- mit der Ost-West-Autobahn. Um ein Auto von hoher auf niedrige Geschwindigkeit einzustellen, darf sich der Bogenradius analog zur logarithmischen Spirale nur langsam verklei-

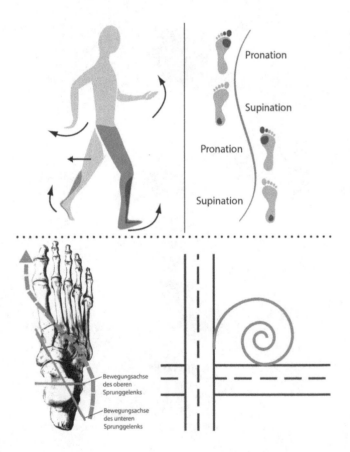

nern. Das kann der Kreis nicht, in einer Kreisverbindung mit konstantem Kurvenradius würden die Autos beim Eintritt in eine Kreisverbindung in relativ hoher Geschwindigkeit unweigerlich aus der Kurve getragen.

Das Wunder des menschlichen Fußes

Die führende Bewegungsachse im oberen Sprunggelenk verläuft praktisch horizontal. Hierdurch kann der Fuß nach oben angehoben und nach unten abgesenkt werden, wie das beim Abrollen am Boden zwischen Fersen-Vorfußbelastung der Fall ist. Parallel läuft gleichzeitig eine Drehbewegung über das untere Sprunggelenk, dessen Bewegungsachse vorwiegend vertikal ausgerichtet ist. Sie bewirkt eine zusätzliche Kombinationsbewegung, in der anfangs der äußere Fußrand in Sinne der Supination gesenkt, anschließend der vordere, innere Fußrand gesenkt wird (Pronation). Diesen Ablauf können Sie an Ihren Schuhsohlen ablesen, die sowohl im Absatzbereich außen (Supination), als auch vorn-innen (Pronation) abgelaufen sind.

Um beide Bewegungsachsen zusammenzubringen, müssen wir beide Sprunggelenke spiralförmig als Sprungfeder verschrauben, so entsteht die natur-richtige Bewegung im Schwerkraftfeld. Ein Fersenabsatz ist in diesem Rollfeld nicht vorgesehen!

Doch im Stressalltag sind wir als absatzbetonte Vorfußgeher vorwiegend auf harten Platten unterwegs. Allein der hohe Absatz erzwingt die betonte Vorfußbelastung, d.h. in der vorderen Landephase des Fußes setzen wir den Fuß nicht mehr natur-richtig und zeitgerecht mit der Außenkante der Ferse auf, sondern kippen ihn überfallartig über den hohen Absatz verfrüht auf den Vorfuß. Dieser vordere

Fußabschnitt wird durch den Absatz zu früh und zu stark belastet, dagegen sollte bei der ersten Bodenlandung des Fußes betont und zeitgerecht die Außenkante der hinteren Ferse zum Einsatz kommen. Nur so wird der vorderen Schienbeinmuskulatur *(Musculus tibialis anterior)* die Gelegenheit gegeben, sich muskulär in den Gehvorgang einzubringen, der Vorfuß wird angehoben, und das bei gleichzeitiger Längenerweiterung des Wadenmuskels und der Achillessehne.

Auf den primären Fersenschub bei jedem Schritt kommt es an!

Dies ist der entscheidende Moment bei jedem Schritt, den wir unternehmen, der das rhythmische Wechselspiel zwischen Synergisten (Beugemuskel) auf der einen Seite und anderseits zu den Antagonisten (Streckmuskel) bestimmt. Nur so erhalten die Wadenmuskeln genügend Sauerstoff, nur so können Wadenkrämpfe, Muskelrisse und die zahlreichen Achillessehnenbeschwerden durch das absatzbetonte Vorfußgehen verhindert werden.

Der bei uns vorherrschende Absatzschuh macht uns allerdings einen Strich durch die Rechnung, denn bereits bei der vorderen Fußlandung wird der Vorfuß zu früh und zu stark belastet. Dabei ist sein eigentlicher Einsatzort die hintere Abstoßphase des Fußes am Boden, wenn mit der Kraft der Wadenmuskel der Vorfuß zwischen der ersten und zweiten Zehe abgestoßen wird, um den Körper nach vorne zu treiben. Der Absatz im Schuh führt automatisch zu einer Doppelbelastung des Vorfußes: einmal bereits bei der vorderen Fußlandung und zum anderen beim hinteren Abstoßen des Vorfußes vom Boden.

Hierdurch wird aus einer natur-richtigen eine natur-un-richtige Bewegung, Auslöser für zahlreiche Funktionsstörungen, ausgewiesen durch Wadenkrämpfe, Wadenmuskelzerrungen und -risse, Achillessehnenbeschwerden, Fersenspornbildungen, Krallenzehen. Diese spezielle Form von Muskelstress ist im Sprint und im klassischen Ballett am stärksten ausgeprägt, den extremsten Formen einseitiger Vorfußbelastung.

Fersenbetontes Gehen als natur-richtige Bewegung

1. Leistungsschub des Fußes beim Gehen und Laufen durch die »Wadenpumpe«
Über die primäre Fersenbelastung in der vorderen Stützphase erfolgt die Dehnung der Wadenmuskeln durch den betonten Einsatz der vorderen Schienbeinmuskulatur. Nur hierdurch erhalten die Wadenmuskeln für einen kurzen Moment die dringend notwendige »Sauerstoffspritze«, um eine hohe Leistung auch auf Dauer aufrechterhalten zu können.

2. Leistungsschub durch den »Achillessehnen-Turbo«
Mit den Waden wird auch die Achillessehne über ihre Grundlänge hinaus gedehnt. Für die große Sehne ist die Dehnung leistungsbestimmend, denn nur so kann sie ihren Katapulteffekt beim Gehen oder Laufen ausspielen. Wir müssen nämlich wissen: Muskeln sind ein kontraktiles Gewebe, das sich aktiv verkürzen kann. Das kann die Sehne nicht, denn sie verfügt ausschließlich über potenzielle Lageenergie elastischer Fasern, die ihre Bewegung nur passiv durch die Längenerweiterung über den Katapulteffekt ausspielen können. Dieser »Achillessehnen-Turbo« zündet aber nur im Moment der Fersenbelastung in der

vorderen Stützphase, ausgelöst durch die Anspannung der vorderen Schienbeinmuskulatur. Gleichzeitig ist das Kniegelenk beim vorderen Fußeinsatz am Boden leicht gebeugt, um so die Erschütterungen des harten Bodens auf Hüftgelenke und Wirbelsäule zu mildern.

3. Beide Sprunggelenkachsen werden spiralfederartig miteinander verschraubt

Beim Abrollen des Fußes werden simultan beide Sprunggelenke spiralförmig miteinander verbunden, automatisch entsteht am Boden eine spiralförmige Abrolllinie in Form einer halben Acht. Würde die Spiralfederfunktion der Sprunggelenke nicht eingehalten, wäre die Abrolllinie linear-gerade und der Abstoßpunkt des Fußes läge nicht in Höhe der überaus kräftigen Großzehe, sondern die Kleinzehe müsste herhalten und würde schnell an ihre Grenzen geraten.

Allein durch die spiralförmige Bewegung des menschlichen Fußes am Boden kann die Aussage der Human-Bionik bestätigt werden, dass die logarithmische Spirale das vorherrschende Energiekonzept natur-richtiger Prozesse ist und dass sich die Menschheit den Irrweg der linearen Mechanik hätte ersparen können.

Die Natur – Lehrmeisterin im Stressalltag 29

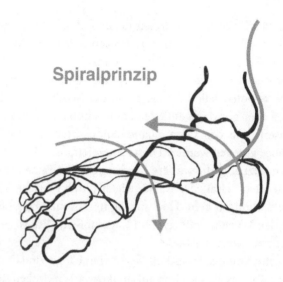

Drei Kraftquellen treiben den menschlichen Fuß voran

Der natürliche Katapulteffekt des menschlichen Fußes wird aber nicht nur durch das elastische Potenzial der Achillessehne hervorgerufen, eine zweite Energiequelle liegt im Fußgewölbe in seiner Quer- und Längskonstruktion, wirksam durch zahlreiche Bänder zusammengehalten. Hierdurch wird die potenzielle Lageenergie der Achillessehne nachhaltig unterstützt. Das elastische Längs- und Quergewölbe schwingt im Wechsel zwischen Be- und Entlastung des Fußes am Boden auf und ab, einem Trampolin vergleichbar, ein wirksamer Turboeffekt für die Achillessehne. So gesehen wird der Antrieb des menschlichen Fußes beim Gehen und Laufen im Schwerkraftfeld der Erde durch drei entscheidende Kraftquellen bei der katapultartigen Sprungfederfunktion unterstützt:

Die erste Kraft beim Abstoßen des Fußes am Boden geht von den Wadenmuskeln aus, die sich durch ihr kontraktiles Verhalten aktiv verkürzen können.

Die zweite Kraftquelle ist passiver Natur durch die gespeicherte potenzielle Lageenergie in der Achillessehne, die sich aber nur dann entladen kann, wenn die elastischen Fasern wie das Gummiband eines Katapultes in die Länge gezogen werden. Dieser Energietransfer beim Gehen setzt aber die vordere Landung mit der Ferse voraus oder den Spiralfeder-Effekt, wie er durch typische Körperdrehungen beim Hochsprung im Fosbury-Flop oder in den Wurfdisziplinen beim Kugelstoßen, Diskus- oder Hammerwurf stattfindet.

Die dritte Kraftquelle des Fußes geht vom Längs- und Quergewölbe aus. Es schwingt auf- und abwärts zwischen Entlastung und Belastung. Wiederum ist es die potenzielle Lageenergie der zahlreichen elastischen Bänder zwischen den Fußwurzelknochen, die beim Abschwung des Gewölbes in die Länge gezogen werden, um sich danach aktiv zu verkürzen.

Allein daraus wird klar, wie wichtig es ist, bei Kleinkindern diese natürlichen Kraftquellen des Fußes in dessen Entwicklung zu unterstützen:

- Frühes und häufiges Barfußgehen auf natürlichem Untergrund, möglichst oft in Wald, Feld und Wiese.
- Man kann Kinder nicht frühzeitig genug auf Spiel- und Schwimmprogramme im Wasser vorbereiten.
- Kinder springen gern auf der elastischen Trampolinmatte, die speziell die Elastizität der Fußbänder verbessern kann.
- Schlittschuhlaufen und Inlineskating sind ferner Sportarten, die das Fußgewölbe verstärken.

Die Natur – Lehrmeisterin im Stressalltag 31

> Gehen Sie kritisch mit einer zu frühen Einlagenversorgung um! Die Schuhsohle sollte aus elastischem Material bestehen, vorn und hinten leicht gerundet, damit der Fuß leichter abrollen kann, das genügt! Innen muss das Fußgewölbe nicht primär durch eine Einlagenkonstruktion gestützt werden, nur in Fällen, wenn das Längs- und Quergewölbe sich als Senkfuß darstellen.

Trotz dieser genialen Konstruktion seines Fußes nutzt der Mensch diese natürlichen Begabungen nur wenig, denn wir haben unsere Gehkultur verloren. Absatzbetont sind wir auf den Vorfüßen unterwegs, und bereits im Schrittansatz verzichten wir auf den körperbetonten Gegenschwung aus den Hüftgelenken heraus. Damit verliert unsere Gehhaltung jegliche körperliche Aufrichtung majestätischer Prägung, in der der Mensch von seiner direkten Umgebung mit Wohlwollen wahrgenommen wird. Dieser prägende Ausdruck unserer Körpersprache kann viel dazu beitragen, dass die Einbindung in unsere Gesellschaft mit allgemeiner Empathie wahrgenommen werden kann – nicht stolz wie ein Korporal, sondern durchaus positiv gestimmt in aufrechter Haltung.

> Menschen im Stresszeitalter gehen wenig aufgerichtet, sondern vorwiegend gebeugt. In kurzer Schrittfolge gehorchen die Beine nur dem Vorwärts-Appell, jedoch ohne Gegenschwung aus den Hüften und Füßen. Und das alles im lauten Stakkato auf hartem, planiertem Boden.

Erinnern Sie sich? Vor Jahren noch war ein »Schmidtchen Schleicher« auf elastischen Beinen unterwegs. Auch in Saigon trugen die aparten Frauen keine High Heels, sondern waren ein bisschen schlürfend in Sandalen auf den Beinen, die sie geschickt durch den langen Áo dài (die landesübliche Tracht) versteckten. Sicher, eines müssen sich alle Gesundheitsapostel sagen lassen: Der weibliche Unterschenkel ist im Stöckelschuh attraktiver, durch den »Marlene-Dietrich-

Der gesundheitliche Preis des absatzbetonten Gehens ist gewaltig. Es beginnt vielfach mit Wadenkrämpfen in der Nacht, die häufig schlafraubend und therapieresistent sind. Beim Jogging treten nicht selten Wadenmuskeleinrisse auf, die operativ nicht ansprechen. Der Muskel hat aufgrund seiner guten Durchblutung die Kraft der Eigenheilung, nach sechs Wochen mit oder ohne Behandlung ist die einzelne Muskelfaser durch eine Narbe geheilt. Das kann die Achillessehne nicht leisten (sauerstoffverarmtes, bradytrophes Gewebe), eine Achillessehnenruptur muss operativ behandelt werden. Häufig ist es auch ein schmerzhafter Fersenbeinsporn, der optimal auf die wiederholte Fußsohlendehnung anspricht. Nicht zu übersehen sind Faszienprobleme der Fußsohle in Zusammenhang mit den Krallenzehen 2–5, die ebenfalls auf die gezielte Dehnung ansprechen, wenn sie denn frühzeitig einsetzt und die Zehengelenke noch nicht knöchern versteift sind. Kommt zum hohen Absatz noch ein zu enger Schuh hinzu, was meistens die Regel ist, so droht die Abweichung der Großzehe als Hallux valgus, der nicht selten zur Arthrose im Großzehengrundgelenk führt, nicht nur ein kosmetisches Problem, häufig sind es Belastungsschmerzen, die Frauen zur Operation zwingen.

Die Natur – Lehrmeisterin im Stressalltag 33

Effekt« wirkt der weibliche Unterschenkel einfach »sexy«, wobei allerdings der taillierte Unterschenkel nichts anderes ist als eine Muskelverkürzung mit der Tendenz zu Wadenkrämpfen. Schön und auffallend sind sie allemal, und bei

einem Presseball traut sich keine Ballerina ohne diese »Waffenrüstung« auf den roten Teppich. Gönnen wir unseren Frauen weiter die Freiheit dieser Koketterie mit den Füßen, es bleibt ihnen ja immer noch der Ausweg, still unter dem Tisch im Kaffeehaus oder unter dem Theatersessel unbeobachtet sich von diesen Tretern zu befreien.

Ein Beispiel aus dem Spitzensport: Der erfolgreichste Langstreckenläufer der letzten Jahre, der Äthiopier Haile Gebrselassie, ist auf Grund seiner relativ hohen Geschwindigkeit ein leicht betonter Vorfußläufer, was ihn über 5000 oder 10 000 Meter nicht hinderte, im Gegenteil, sogar schnell machte. Vor Jahren lief er in London seinen ersten Marathon, und er wollte natürlich gewinnen. 40 Kilometer sind allerdings keine zehn Kilometer, die Wadenmuskelbelastung ist gewaltig. Er wurde »nur« Dritter, weil er auf den letzten zehn Kilometern Wadenkrämpfe bekam – eigentlich logisch bei einer starken Vorfußbelastung. Ganz anders stellt sich dagegen eine Laufszene in dem Film *Jenseits von Afrika* dar. Massai treten oder besser laufen ins Blickfeld, im Pulk im gleichen Rhythmus unterwegs. Aber im Gegensatz zum Städtemarathon sieht man sie rollen, schwingen, traben. Und jetzt begreifen wir: So schaffen sie in dieser naturrichtigen Bewegung ihre 100 Kilometer, analog zu den Lachsen im Wasser.

Paavo Nurmi, der Wunderläufer der Olympischen Spiele 1920, 1924 und 1928, holte auf den Langstrecken allein neun Goldmedaillen und brach viele Welt- und Olympiarekorde. Er lief fersenbetont mit Einsatz der vorderen Schienbein-

Drei Aufsatzpunkte des Fußes beim Gehen oder Laufen stehen zur Verfügung.

muskulatur, wie die Massai, wie die folgende Laufstudie zeigt.

Die Natur – Lehrmeisterin im Stressalltag 35

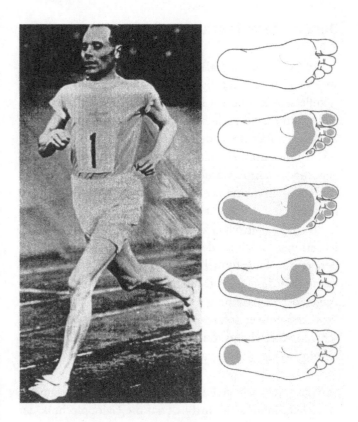

Die spiralförmige Abrolllinie am Fuß ist praktisch dreigeteilt, und sie verlagert sich analog zur Geschwindigkeit nach vorn:

- Es beginnt mit der Außenkante der Ferse im hinteren Drittel in allen Langstrecken.
- Auf den schnelleren Mittelstrecken wird das mittlere Drittel der Außenkante bevorzugt.
- Und schließlich, im Sprint, ist betonte Vorfußbelastung das Gebot der Stunde.

Der 100-Meter-Lauf als »Ballett der Tartanbahn«

Sprintsportarten sind »Ballette der Tartanbahn«, und entsprechend hoch sind die Funktionsstörungen der Waden, Achillessehnen und der Fußsohlen, bis hin zum Tarsaltunnel-Syndrom, das nicht selten Tänzerinnen und Tänzer im klassischen Ballett von den Beinen holt. Ich habe viele Tänzer in Hamburg behandelt und kenne ihre Probleme. Ein gewaltiger Leistungsdruck treibt sie zu Operationen ins Ausland – zu meiner Zeit war es Paris –, damit möglichst niemand aus der Kompanie davon erfährt, denn nur so konnten die Spitzenplätze auf der Bühne gehalten werden. Ich erinnere mich an den Spitzentänzer in Hamburg, der bereits eine Tarsaltunnel-Operation überstanden hatte. Ich zeigte ihm die gezielt Dehnung der Fußsohle, leuchtende Augen der Zustimmung waren die Antwort. Als erfahrener Profi erkannte er sofort die heilende Wirkung des Gegenschwung-Stretchings, durch das eine natur-unrichtige Bewegung wieder in eine natur-richtige geführt werden kann.

Um die natur-richtige Funktionsweise der Achillessehne zu verstehen, lohnt sich ein Blick auf die Galopptechnik der Pferde. In dieser schnellen Gangart sparen sie etwa die Hälfte der notwendigen Muskelarbeit dadurch ein, dass sie in ihren Beinmuskeln über sehr lange Sehnen verfügen. Beim Aufsetzen wird in diesen Sehnen, genau wie beim Menschen oben beschrieben, Energie gespeichert, sodass sie beim Abheben als Bewegungsenergie (analog zum Katapulteffekt) wieder abgegeben werden kann. Diese Sehnen in ihrer Spiralfederwirkung machen das Laufen der Pferde so ökonomisch, es geht wenig Energie verloren. Immerhin erreichen Pferde im Galopp 70 km/h, und zwar mit größter Ausdauer über alle Distanzen, der Mensch schafft auf eine Distanz von über 100 Meter maximal 35 km/h, aber nur auf dieser kurzen Strecke. Lediglich mit größter Mühe kann er dieses Tempo über 400 Meter halten, am Ziel völlig ausgepumpt ist er dann in einer derart sauren Stoffwechsellage, dass der entsprechende pH-Wert im Blut dem Eiter sehr nahe kommt.

2. Kapitel
Das Naturgesetz
des Gegenschwungs

Verlust von Freiheitsgraden

In vielen Bereichen der menschlichen Entwicklung erweist sich der technische Fortschritt als zu kurz gedacht. Allein die Reduktion der großzügigen logarithmischen Spirale auf den dynamischen Pfeil, in dem Zeit und Raum auf eine Gerade verdichtet wurden, hat die Lebensqualität des Menschen nachhaltig verändert. Unter Einbuße aller Freiheitsgrade der Bewegung in den Gelenken wurde menschliche Arbeit in ihrer Anpassung an die Technik monoton und zielorientiert ausgerichtet, eine frontorientierte Zwangshaltung besonders der Arme und Hände über Stunden und Tage, oft ein Leben lang. Mit der Erfindung der Glühbirne in der zweiten Hälfte des 19. Jahrhunderts konnte die Wirtschaft die Nacht zur Arbeitszeit erklären – und das mit großem Gewinn. Produktionsunterbrechungen gab es nur noch, wenn Wartungszeiten nötig waren. In seiner totalen Anpassung an diese moderne Technik ist dem Menschen sein natürliches Verhalten abhandengekommen, insbesondere der energiefördernde Gegenschwung verlor an Bedeutung, Arme und Hände wurden als verlängerte Hebel der Maschine missbraucht, dabei blieben viele Freiheitsgrade der Bewegung auf der Strecke, denn:

- Die Hand kann gebeugt und gesteckt werden, das typische »winke, winke« beim Abschied.

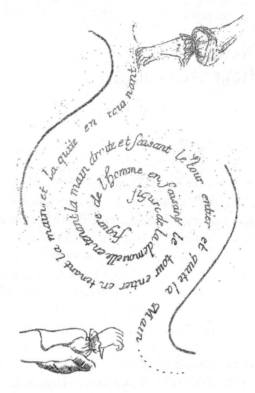

Figur des Fräuleins, indem sie die rechte Hand erhebt und den ganzen Kreis beschreibt und die Hand verlässt.

- Die Hand kann maximal nach innen (Pronation) gedreht werden, wie das beim Bogenarm an der Geige der Fall ist.
- Maximale Außendrehstellung der Hand am Geigenarm.

Die Hand im Technikzeitalter gehört nicht mehr dem Menschen, sie wurde in ihrer vorherrschenden Monotonie zu einem Teil der Maschine!

Das Naturgesetz des Gegenschwungs 41

Durch die monotone Anpassung der Hand an die Technik wurden im Sinne der linearen Mechanik allein drei Freiheitsgrade vernichtet. In monotoner Tastenposition am PC arbeiten die gebeugten Finger, den Klavierhämmerchen nicht unähnlich, über Stunden, Tage, Wochen, ein Leben lang. Das ist der vorherrschende Beugestress der Finger als Ausdruck einer natur-unrichtigen Bewegung, die Hand wird krank! Das Karpaltunnel-Syndrom ist inzwischen zur häufigsten Berufskrankheit RSI (Repetitive Strain Injury) auf- oder besser abgestiegen.

Schmerz-Landkarte

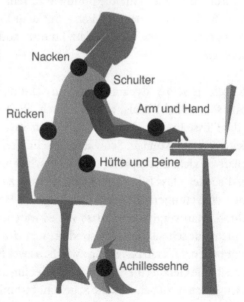

Würden die Lachse diesem Beispiel des angepassten Menschen folgen, sie kämen nie ans Ziel! Endlose Kreise würden die Tiere drehen und damit ihre Orientierung, ihre Sinnfindung verlieren. Genau so ergeht es inzwischen vielen Menschen im Technikzeitalter, weil viele Dinge im Stressalltag häufig ihren eigentlichen Sinn verloren haben.

Natur-unrichtige Bewegungen von Hand bis Fuß

Das monotone Verhalten der menschlichen Hand ist durchaus vergleichbar mit dem einseitigen, absatzbetonten Vorfußgehen, denn auch hier bestehen die vier Freiheitsgrade der Bewegung Beugung und Streckung sowie Supination und Pronation.

Der künstliche, unnatürliche Absatz im Schuh hat allerdings, wie schon erwähnt, alles zunichte gemacht, weil er bei der vorderen Fußlandung die optimale Absenkung der Ferse zum Boden nicht mehr zulässt – mit dem Ergebnis, dass der Vorfuß zu stark zum Einsatz kommt, sodass der Fuß krank wird!

Der Mensch in seiner dynamischen Ausrichtung fordert nicht nur sich selbst heraus, sondern auch die Natur. Er drängt die Flüsse in enge Kanäle, nimmt dem Strom Raum und Zeit, um großzügige Schwingungsschleifen in die Landschaft zu ziehen. Ursprüngliche Überschwemmungsgebiete, die jeder Fluss für sich braucht, wurden zu Bauzonen, und heute jammert alle Welt über steigende Hochwassergefahren. Man vergisst aber, dass wir es waren, die das Wasser nicht nur schnell gemacht, sondern auch dramatisch eingeengt haben. Der kürzeste Weg zwischen zwei Punkten ist und bleibt die Gerade, diese Einsicht aus der linearen Mechanik trug auch dazu bei, dass die Segelschiffart mit ihrem

Das Naturgesetz des Gegenschwungs 43

Vorherrschende Krankheiten der Hände und Füße durch die natur-unrichtige, technische Bewegung:

- Karpaltunnel-Syndrom der Hände (PC-Tastatur), Tarsaltunnel-Syndrom (Ballett), Fersensporn der Füße.
- Die Sehnenplatten der Hände schrumpfen zu knotigen Verdichtungen: Dupuytren-Kontraktur der Handflächen, die es auch an der Fußsohle gibt.
- Nervenkompressions-Syndrome am Unterarm: Superficialis-, Supinator-, Pronator-teres-Syndrome.
- Krallenfinger besonders im Zusammenhang mit der Dupuytren-Kontraktur, Krallenposition der Zehen 2–5.
- Eine Sonderstellung am Fuß nimmt die Achillessehne ein, die in westlichen Ländern durch Absatzschuhe und betontes Vorfußgehen bzw. -laufen (besonders im Sprint) chronisch verkürzt ist und die mit diversen Funktionsstörungen reagiert: Wadenkrämpfe, Muskelfaserrissen, Achillessehnenbeschwerden bis hin zu Achillessehnenruptur.

zeitintensiven Kreuzen gegen den Wind durch Motorschiffe ersetzt wurde.

So entsteht aus der natur-richtigen Bewegung die angepasst technische in ihrer Einseitigkeit. In dieser Monotonie stimmt der Energietransfer nicht mehr, sodass durch die stereotype Handbelastung ohne Gegenschwung das Karpaltunnel-Syndrom

Stress ist gelebte lineare Mechanik in direkter Ausrichtung bei hohem Tempo. In der modernen Zeit-Raum-Geld-Beziehung ist Gewinnmaximierung das oberste Gebot, dem auch Werte und Moral unterliegen. Ziele werden direkt anvisiert, Zeiten für Gegenschwung und Entspannung sind reiner Luxus.

(Mausklick-Syndrom) zur führenden Berufskrankheit aufsteigen konnte.

Diese natur-unrichtigen Bewegungen können sich die Lachse im Wasser nicht leisten, wenn sie ans Ziel kommen wollen. Ihre Antwort in der reißenden Strömung lautet Richtschwung im ständigen Wechsel zum energiefördernden Gegenschwung, sodass in allen Muskeln des Körpers in ihrer gegensätzlichen Ausrichtung (Beuger und Strecker) ihr ganzes energetisches Potenzial ausspielen können. So ermöglichen die kontrahierenden Muskeln in diesem natürlichen Rhythmus den Gegenspielern (Antagonisten) die leistungssteigernde Längenerweiterung, und zwar über ihre Grundlänge hinaus. Dieser Leistungsschub wird durch einen Spannungsabbau im Muskelsehnengewebe ermöglicht, sodass automatisch sauerstoffreiches Blut nachfließen kann. Dieser Druckabbau ermöglicht es, dass in einem weiteren Schritt ein 140-prozentiger Energieschub entstehen kann, der praktisch endlos ist und die Lachse so stark macht. Hierin liegt das eigentliche Geheimnis der natur-richtigen Bewegung mit ihrem unerschöpflichen Potenzial, denn das Aktionsmuster in seiner Gegensätzlichkeit allein genügt für den permanenten Nachschub an Energie.

Jede natur-richtige Bewegung hat einen optimalen Energietransfer integriert. Der Gegenschwung ist also bereits fester Bestandteil als Ausholbewegung der natur-richtigen Bewegung. Die natur-unrichtige, technische Bewegung hat dagegen den energiefördernden Gegenschwung vernichtet. Will sie nicht in einer Energiekrise geraten, braucht sie in regelmäßiger Wiederholung das Gegenschwung-Stretching, das ist ein Naturgesetz.

Das Naturgesetz des Gegenschwungs

Lernen vom Gegenschwung der Kinder und Tiere

Die unnatürliche Bewegung im Technikzeitalter hat den Gegenschwung in fast allen Bereichen vernichtet, damit steht die Muskel-Sehnen-Kette in einer permanenten Energiekrise, der Beginn zahlreicher stressbedingter Erkrankungen. Grundsätzlich ist dem Menschen, wie allen Lebewesen, dieser natürliche Gegenschwung auf den Leib geschrieben:

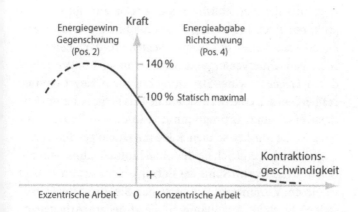

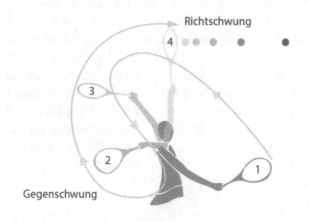

- Jedes Kind wirft seinen Ball mit Gegenschwung.
- Die Katze duckt sich vor jedem Sprung.
- Klatschen wird durch Gegenschwung erst wahrnehmbar.
- Ohne Gegenschwung keine Tore im Fußball.

Gegenschwung-Stretching, das Maß aller Dinge betrieblicher Prävention!

In der vorherrschenden Tastenposition am Computer bewegt sich die menschliche Hand, analog zur obigen Graphik, nur noch im Wellental, das für Energieverlust steht. Damit unterliegen die beanspruchten Körperzellen einer ständigen Unterversorgung, und wenn nicht von außen durch Gegenschwung-Stretching auf diese Negativspirale reagiert wird, ist die Berufskrankheit als Folge einer unrichtigen Bewegung vorprogrammiert. In diesem Zusammenhang ist die Muskel-Sehnen-Kette mit einem geschlossenen Regelkreis zu vergleichen, der ohne Einflussnahme von außen ins Negative im Sinne der Entropie abgleiten muss. Und in diesem Zusammenhang verstehen Sie die später vorgestellten Stretchingmaßnahmen, die an jedem Arbeitsplatz unverzichtbar sind. Sie sind praktisch das Maß aller Dinge der gesundheitsfördernder Strategien an jedem Arbeitsplatz, denn wiederholte Sieben-Sekunden-Episoden sind für Firmenleitung und ihre Angestellten zumutbar und damit realistisch, denn jeder größere Zeitaufwand ist unrealistisch, denn die Firma ist nun mal kein Fitnessstudio!

Jede Bewegung lebt von 140-prozentigem Kraftgewinn durch den Gegenschwung. Im Technikzeitalter geopfert, liegt hierin die Ursache vieler stressbedingter Erkrankungen.

3. Kapitel
Die technische Bewegung und ihre Folgen

Der Mensch in Beugehaft

Muskuläre Dysbalancen verändern die Gelenkstellungen. Insbesondere die einseitig belasteten, beugeseitigen Muskeln in ihrer Verkürzung beeinflussen die Gelenke nachhaltig und schränken deren Aktionsradius ein. An den Schultergelenken wird durch anhaltende Bedienungsarbeit eine Brustbeinbelastungshaltung provoziert, der Mensch wir in »Beugehaft« genommen, er wird im Laufe des Lebens immer krummer. Der variable Schultergürtel ist ebenso verstellbar wie Ihr Hosengürtel – daher der Name –, die Schultergelenke weichen nach vorn ab, der Mensch wird durch diese negative Anpassung krumm in seiner Haltung.

Schulter-Armregion
In der einseitigen Bedienungsfunktion entsteht also eine Brustbeinbelastungshaltung, die Schultern weichen nach vorne ab (Ventralisation), eine krumme Körperhaltung ist die Folge. Die angespannten beugseitigen Schultermuskeln setzen Nervengeflechte in der vorderen Hals-Arm-Region unter Druck, auch die Brustbeingelenke werden nachhaltig gestaucht. Automatische Reflexschaltungen gehen von den gereizten Gelenkkapseln aus, die zusätzliche Halsmuskeln anspannen, die aber für die Zusatzleistung gar nicht vorgesehen sind. So baut sich ein negativer Kreislauf auf, schmerzhafte Kompressionssyndrome sind die Folge: Degeneration der Rotatorenmanschetten, Bizepsrinnen-Syn-

drom, Tennis-Golfer-Ellenbogen, Pronator-teres-Syndrom, Superficialis-Syndrom, Karpaltunnel-Syndrom, Schnappfinger, Dupuytren-Kontraktur.

Nacken-Rückenregion

Die permanente Frontposition der Arme an technischen Geräten verursacht gleichzeitig Spannungskopfschmerzen. Die geschwächten Nackenmuskeln können den vorderen Armzug nicht mehr ausgleichen, was zu schmerzhaften Verspannungen führt.

Die durch langes Sitzen geschwächte Rückenmuskulatur in Höhe der Lendenwirbelsäule (LWS) gerät zudem unter Dauerspannung. Rückenschmerzen sowie Bandscheibenschäden sind die Folge, da vom Rücken eine zu geringe Bewegungsverlagerung praktiziert wird, sodass der Körperdruck auf Dauer bestimmte Gelenkabschnitte belastet.

Becken-Hüftgelenksregion

Hier steht eine permanente Hüftgelenksbeugung beim langen Sitzen im Vordergrund der chronischen Fehlhaltung. Der wichtige Hüftlendenmuskel *(Musculus iliopsoas)* gerät in eine Dauerkontraktur, die sich beim Stehen und Gehen besonders nachteilig bemerkbar macht. Die notwendige Hüftstreckung beim Stehen und Gehen kann der verkürzte Hüftlendenmuskel durch die notwendige Längenerweiterung nicht mehr nachvollziehen, und das hat Folgen:

1. Bei jeder Körperstreckung entsteht eine deutliche Erhöhung des Bandscheibendrucks besonders in Höhe der Lendenwirbelsäule, weil die beiden Hüftlendenmuskeln von der Vorderkante der Lendenwirbelkörper ausgehen. Ihr Ansatzpunkt ist am Hüftkopf, beim ständigen Sitzen ist dieser Muskel in Dauerverkürzung, sodass er der notwendigen Längenerweiterung im Zusammenhang mit

dem Stehen nicht mehr nachkommen kann. Ein durch langes Sitzen verkürzter Hüftlendenmuskel wird also automatisch im Stehen eine hohe Zugwirkung auf die Lendenwirbelsäule ausüben. Die Lendenwirbelsäule verlagert sich im Sinne einer Hohlkreuzhaltung (Lordose) nach vorn, der Bandscheibendruck steigt dramatisch an, und der oft sehr schmerzhafte Bandscheibenvorfall ist nur noch eine Frage der Zeit. Oft genügt bei dieser Vorbelastung eine einfache Drehbewegung oder ein kalter Windzug, und der Prolaps ist präsent.

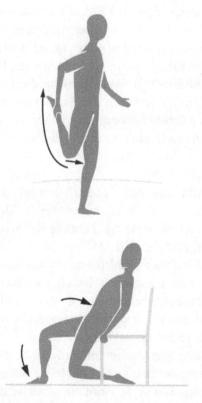

Dehnung des Hüftlendenmuskels im Stehen und Sitzen

2. Ein schlechtes Gangbild ist die Folge. Kein Gegenschwung aus der Hüfte beim Gehen, der unserem Gang erst den richtigen »Swing« verleiht. Den Armen vergleichbar gehorchen die Beine nur noch unserem Vorwärtsdrang in einseitiger Ausrichtung, wir arbeiten nur noch zielorientiert, und so sind wir auch auf den Beinen unterwegs. Goethe reiste, um unterwegs zu sein, wir reisen, um nur noch anzukommen. Aus Sicht der Biomechanik sind Absatzschuhe in Zusammenhang mit Sitzstress die Ursache unseres natur-unrichtigen Gehens. Über Stunden sind die Hüftgelenke in »Neunzig-Grad-Beugehaft«, sodass die Hüftlendenmuskel verkümmern und sich im Stehen und Gehen nicht mehr frei entfalten können. Schon im Stehen sollten sie sich über ihre Grundlänge entfalten können, ein unmögliches Unterfangen, sodass sie bereits in dieser Stellung die Lendenwirbelsäule nach vorn verlagern (Hohlkreuz) und damit gleichzeitig den Bandscheibendruck erhöhen, ein wesentlicher Grund für die Entstehung von Bandscheibenvorfällen.

Unterschenkel-Fußregion
Seit dem Mittelalter ist der Mensch also auf falschen Schuhen unterwegs, auf Absatzschuhen, die am Unterschenkel bevorzugt auf die einseitige Leistung der Wadenmuskeln angewiesen sind. In dieser Monotonie des Gehens ist die vordere Schienbeinmuskulatur nicht mehr in den Antrieb mit einbezogen, sie ist damit chronisch unterfordert. Diese vorherrschende Dysbalance am Unterschenkel kann mittels Schuhausrichtung nur durch Plateauschuhe oder Schuhe mit Negativabsatz ausgeglichen werden, denn nur so kann beim initialen Fersenschub im vorderen Schrittansatz die vordere Schienbeinmuskulatur mit in die Bewegung einbezogen werden. Der Vorfuß wird hierdurch bei der vorderen Landung nicht, wie beim Absatzschuh üblich, abgesenkt,

sondern nach oben angehoben. Die direkte Folge ist eine Längenerweiterung der Wade-Achillessehne, die hierdurch eine Kraftspitze bis zu 40 Prozent erhält. Nur so kann die vorherrschende Präsenz der Waden-Achillessehnen beim absatzbetonten Gehen durch die entsprechende Schuhzurichtung vermieden werden. Bleibt jedoch alles wie bisher, sind die bereits erwähnten Funktionsstörungen nicht zu vermeiden:

Wadenkrämpfe, Wadenmuskelrisse, Achillessehnenbeschwerden bis hin zur Achillessehnenruptur, Tarsaltunnel-Syndrom speziell im Sprint und im Ballett. Fersenbeinspornbildung, Fußsohlenfaszienverletzungen, Krallenzehen.

Gelenkarthrosen
Die natur-unrichtige Bewegung verändert aber nicht nur die Muskel-Sehnen-Kette und die begleitenden peripheren Nerven, sondern in bedenklicher Weise auch die Gelenke:

1. In einem ersten Schritt können die Gelenke durch die einseitigen Muskel-Sehnen-Verkürzungen ihre Freiheitsgrade nicht mehr ausspielen. In der Brustbeinbelastungshaltung, durch die Anpassung an die Arbeit, büßen die Arme ihr Streckvermögen ein, sie verlieren ihre rückwärtige Bewegungsfreiheit: Rückenschwimmen ist nur noch eingeschränkt möglich, das kann so weit führen, dass Frauen nur noch mit Mühe ihren BH schließen können und die Männer umständlich in Jacke oder Mantel kommen.

2. In einem zweiten Schritt verändert sich der Gelenkknorpel, er degeneriert, und Gelenkarthrosen sind die Folge. Der Gelenkknorpel wird einseitig belastet, vor allem nicht mehr zentral, wo er am stabilsten ist, sondern betont randständig. Am Gelenkrand ist der schützende Gelenkknorpel nur dünnschichtig ausgelegt, sodass es rela-

tiv schnell zu Knorpeleinbrüchen bzw. Knorpelverlusten kommen kann: Die schmerzhafte Gelenkarthrose nimmt ihren Lauf.

Ein häufiger Fehler beim Gehen ist das Aufsetzen des vorderen Standbeines mit der Hinterkante der Ferse und nicht, wie es richtig ist, mit der Außenkante im hinteren Drittel der Ferse. Beim Aufsetzen mit der Hinterkante ist das Kniegelenk gestreckt, also in einer Endstellung. Wie schon gesagt, wird hier der dünnflächige Knorpelbelag im Schienbeinkopf beansprucht, frühzeitige Knorpelschäden sind die Folge. In dieser Position werden auch die Bodenerschütterungen direkt nach oben an die Hüftgelenk-Wirbelsäule weitergegeben, sekundäre Gelenkschäden können auftreten. Diesen Fehler sehe ich häufig beim Nordic Walking, aus meiner Sicht verursacht durch die relativ langsame Bewegung, in der schwungvolle Passagen fehlen.

> Nochmals: Das hintere Drittel der Fersenaußenkante ist der optimale Landepunkt des vorderen Standbeines beim Gehen und Laufen. Das ist natürlicher Rhythmus in Wechsel der Gegensätze, denn wenn wir uns hinten mit dem Vorfuß am Boden abstoßen, kann das nur heißen: vordere Fußlandung mit der Ferse.

Natur-richtiges »Hacke-Spitze« beim Stepptanz

Stepptänzer machen mit ihrem rhythmischen Hacke, Spitze, Hacke, Spitze alles richtig, denn in permanenter Folge »trommeln« die Füße zwischen Ferse und Vorfuß auf den Boden, für jedermann durch die Metallplatten an der

Schuhsohle gut wahrnehmbar. Dieses »Trommeln mit den Füßen« wird beim irischen Riverdance mit großer Meisterschaft vorgetragen, ein Stakkato, das die Zuschauer von den Sitzen reißt. Unverständlich für mich ist nur, dass die Iren, aus welchem Grunde auch immer, auf die hohen Absätze offensichtlich nicht verzichten können.

Ähnlich ist es bei den Standarttänzen, hier sind es die High Heels der Tänzerinnen, die zwar das Ganze sehr »sexy« machen, mit natur-richtiger Bewegung hat das aber nichts mehr zu tun. Entsprechend hoch sind die Belastungsschäden in den Füßen, in den Waden-Achillessehnen und im Rücken.

An dieser Stelle sind die Volkstänze erwähnenswert, leider nur noch in östlichen Ländern Tradition, wie zum Beispiel im griechischen Sirtaki, wie das folgende Bild zeigt.

Griechischer Sirtaki

4. Kapitel
Die freie Energie der »Lebenskurve«

Exponentielles Wachstum

Der österreichische Naturforscher Viktor Schauberger (1885–1958) spricht von der freien Energie der »Lebenskurve« im Zusammenhang mit der natur-richtigen Massenbewegung. Dieser Energiegewinn wird in der logarithmischen Spirale durch ihren exponentiellen (explodierenden) Wachstumsprozess dokumentiert, in Zahlen ausgedrückt entsteht die Fibonacci-Reihe mit ständiger Verdopplung der beiden vorangehenden Abstände in der logarithmischen Spirale. Der Logarithmus entspricht dem exponentiellen Wachstumsschub, der alle natur-richtigen Prozesse steuert und in direktem Gegensatz steht zur linearen Reihe, wie sie uns in der Schule beigebracht wurde: Natur-richtiges Wachstum wird also durch die logarithmische Spirale ausgedrückt, natur-unrichtig durch die lineare Reihe, entsprechend der linearen Mechanik, Ausdruck unserer schnellen, direkten Gegenwart.

Lineare Reihe: 1, 2, 3, 4, 5, 6, 7, 8, 9, 10, 11

Fibonacci-Reihe: 1, 2, 3, 5, 8, 13, 21, 34, 55, 89, 144

Schon beim einfachen Vergleich beider Zahlenreihen sehen Sie das gewaltige Potenzial natürlicher Wachstumsprozesse: Bei der 3 besteht noch Gleichstand, bei der 4 überholt die

Fibonacci-Reihe mit der 5 die lineare Reihe, und bei der 10 hat sich der Abstand fast neun Mal vergrößert, eine Entwicklung, die in der Unendlichkeit endet.

Harmonie

Anspannung durch Stress   Entspannung durch Meditation

Lebensspirale

> *Spira mirabilis – die wunderbare Spirale – die natürlichste Kurve der Welt!*
> Die Fibonacci-Reihe drückt den gewaltigen Wachstumsschub der Natur aus, anzutreffen in fast allen natürlichen Prozessen. Der Schweizer Physiker Jakob Bernoulli spricht in einem Aufsatz von 1692 von der Spirale als Symbol für Wandel und Wiederkehr, für Auferstehung und ewiges Leben.

Nach einem kalten Winter wächst die Natur nicht linear gleichmäßig, sie scheint regelrecht zu explodieren. Das ist der 140-prozentige Kraftgewinn durch die Gegenbewegung des kalten Winters, ein Krisenszenario, aus dem neues Leben entsteht. Die Lebenskurve eines Viktor Schauberger entspricht unserer logarithmischen Spirale in ihrem Wechsel der Gegensätze, und unsere Aufgabe ist es dann nur noch, uns auf den Weg zu machen von einem Extrem ins andere, denn jeder Stillstand in der logarithmischen Spirale auf der einen oder andern Seite bedeutet Energieverlust in Verbindung mit Krankheit oder gar Tod.

Der Kernphysiker Hans-Peter Dürr (Schüler von Werner Heisenberg), mit dem ich kurz vor seinem Tod noch ein tiefgründiges Gespräch zusammen mit Roland R. Ropers (Etymosoph) führen konnte, bezeichnet das rhythmische Wechselspiel in der logarithmischen Spirale als »Passierchen«, die unser Leben erst lebensfähig machen. Diese Aussage gilt für das ganze Leben bis ins hohe Alter, denn Leben ist Bewegung, und Bewegung ist Rhythmus: Das ist dann der natur-richtige Rhythmus, der das Leben erst lebensfähig macht und uns gesund hält.

Zwischen Wellenberg und Wellental

Gegenschwung und Richtschwung als Extrempositionen der Spirale sind die bipolaren Kräfte, die Viktor Schauberger mit anderen Worten durch Zug- und Druckkräfte beschreibt. Ein Speerwerfer kennt die Bedeutung dieser Ausholbewegung nach hinten über die Entwicklung dieser Zugkräfte, die dann in einem zweiten Schritt die notwendigen Druckkräfte nach vorn auslösen, damit der Speer die 80-Meter-Marke erreichen kann.

Dieser Leistungssprung deckt sich mit sportmedizinischen Erkenntnissen, wonach durch den Gegenschwung bei 120-prozentiger Längenerweiterung ein 140-

Diese naturrichtige Bewegung führt nach Schauberger zu einem Leistungsschub, der im Quadrat zur Beschleunigung wächst. Dem steht die natur-unrichtige Bewegung gegenüber, in der der Widerstand im Quadrat zur Beschleunigung ansteigt.

prozentiger Kraftgewinn erzeugt werden kann – und das unmittelbar vor der Entladung. Beim Speerwurf oder Tennisaufschlag sind es die beugeseitigen Schultermuskeln, die durch die perfekte Ausholbewegung erweitert werden, das ist dann die »gute Technik« oder das »richtige Timing«, damit die Muskulatur unter den günstigsten Verhältnissen arbeiten kann. (Vgl. die Abbildung auf S. 45.)

Die Lachse in ihrem natürlichen Verhalten machen alles richtig, weil bei ihnen der Gegenschwung in allen Phasen ein fester Bestandteil ihres aktiven Daseins ist.

Zwischen Wellenberg und Wellental beim permanenten Energietransfer bewegen sich die Lachse unermüdlich gegen die reißende Strömung. Hierdurch ist die Muskulatur in der Lage, ihre stärkste Spannung aufzubauen. Über die Zugkräfte des Gegenschwungs werden die Synergisten an der einen Seite gezwungen, sich verkürzend anzuspannen. Das ist die Grundvoraussetzung für die maximale Dehnung der gegenüberliegenden Antagonisten, die gezwungen werden, sich zu dehnen. Bei den Lachsen ist die Raum- und Zeitaufteilung zwischen maximaler Anspannung auf der einen zur maximalen Entspannung auf der anderen Seite stets deckungsgleich, sodass dieser natürliche Rhythmus von Balance und Gleichgewicht beherrscht wird.

Die natur-richtige Bewegung nach Schauberger ist durch ihre erzeugten Zug- und Druckkräfte in der Lage, widerstandslos, druck- und wärmefrei, implosiv, strukturverkleinernd, anziehend und zentripedal zu wirken.

Dagegen arbeitet die natur-unrichtige Bewegung mit Widerstand, druck- und wärmeerzeugend, explosiv, strukturvergrößernd, abstoßend und zentrifugal.

Die freie Energie der »Lebenskurve«　　　　　　　　59

Das natürliche Richt-und-Gegenschwung-Prinzip arbeitet aber nicht nur mit Energiegewinn in der Bewegung. Durch die optimale Demonstration aller Freiheitsgrade der Gelenke zeigt sich ein Maß vollendeter Harmonie, und das auf der Grundlage perfekter Elastizität, die aber in ständiger Wiederholung oft hart erarbeitet werden muss. Harmonische Bewegungen sind einfach schön, besonders beeindruckend die schwingenden Röcke beim Tango, wenn bereits im Bewegungsansatz der Gegenschwung durch die Arme und Beine wirkungsvoll in Szene gesetzt wird. Diese natürliche Schönheit drückt auch die logarithmische Spirale aus, denn der explodierende Wachstumsprozess entspricht in Zahlen, wie schon erwähnt, der Fibonacci-Folge, und diese Zahlenreihe konvergiert gegen den Goldenen Schnitt, der bereits im 16. Jahrhundert für Physiker und Künstler das »Maß für die optimale Aufteilung der Proportionen« darstellte. Der Goldene Schnitt prägte die einmaligen Werke von Leonardo da Vinci und Albrecht Dürer ebenso wie die Harmonie in der Musik, so die Aussage von Sofia Gubajdulina von der Hamburger Musikhochschule: »Der konsonante Rhythmus nähert sich der Fibonacci-Zahl, also dem Goldenen Schnitt, der dissonante entfernt sich davon.«

Natur-richtige, harmonische Bewegungen im Rhythmus von Richt- und Gegenschwung sind einfach schön, natur-unrichtige Bewegungen wirken dagegen unvollkommen, unausgewogen und disharmonisch.

Spiraltechnik im Sport

In einigen Sportarten – nicht in allen – hat man die natur-richtige Bewegung mit ihrem Energiegewinn schon lange erkannt – nur so sind Weltrekorde möglich. Erst über den optimalen Gegenschwung kann der 140-prozentige Ener-giegewinn genutzt werden, die entscheidende Vorausset-zung für Höchstleistungen. Das beweist allein die Entwick-lung der letzten 50 Jahre im Hochsprung. Zunächst versuchte man es mit dem einfachen Schersprung, dann folgten unterschiedliche Rolltechniken bis zum Straddle, und schließlich hatte man mit dem Fosbury-Flop in der Spi-raltechnik das Optimum erreicht, mit dem der Körper-schwerpunkt zur Latte am tiefsten gehalten werden kann. Dabei ist es überaus interessant, dass in dieser Technik zwei Spiralen genutzt werden:

- Die erste Spirale erfolgt über die spezielle Drehung in der Brustwirbelsäule.
- Die zweite Spirale erfolgt durch die spiralförmige Ver-schraubung des Fußes im oberen und unteren Sprung-gelenk, denn hier stoßen zwei lineare Gelenkachsen auf-einander: die waagerechte im oberen und mit der schräg-frontalen im unteren Sprunggelenk. Beide Gera-den können aber nur über die logarithmische Spirale kombiniert werden. Beispielhaft vollzieht sich diese Ver-schraubung des oberen-unteren Sprunggelenks beim Hochsprung im Moment des Absprungs des Sprungbei-nes. Spiralförmig wird durch die Längenerweiterung speziell die Achillessehne mit zusätzlicher Lageenergie versorgt, die dann durch den Katapulteffekt wirkungsvoll mit in den Absprung eingebracht werden kann.

Allein dieser spiralförmigen Verschraubung des Fußes ist es zu verdanken, dass der Weltrekord im Hochsprung gesteigert werden konnte. Die alte Rolltechnik profitierte nur vom kontraktilen Potenzial der Muskulatur. In der Spiraltechnik wird die Achillessehne mit ihrer potenziellen Lageenergie zusätzlich zur Wadenmuskulatur über den Katapulteffekt mit in den Absprung eingebracht.

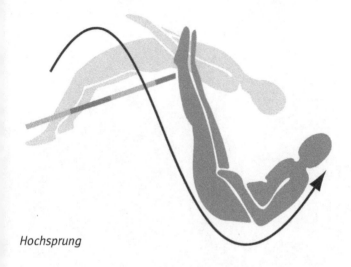

Hochsprung

Eine vergleichbare Entwicklung gibt es beim Kugelstoßen. In früheren Jahren stieß man die Kugel in linearer, zielorientierter Ausrichtung, also Gesicht nach vorn. Mit dem Umstellen auf die spiralförmige Drehtechnik fielen etliche Weltrekorde, was nicht verwundern kann. Man beginnt ganz einfach den Wurf mit dem Rücken zur Wurfrichtung, um so das spiralförmige Drehpotenzial des Körpers optimal in den Wurf einbringen zu können. Das geht im Weitsprung leider nicht, denn jede Rückenlandung in der Sprunggrube wäre ein doch zu hohes Gesundheitsrisiko. Also springt man weiter um die acht Meter herum, in einer möglichen Spiraltechnik wäre vielleicht schon serienweise die Neun-Meter-Marke geknackt worden.

5. Kapitel

Gegenschwung-Stretching gegen Muskel-Sehnen-Gelenk-Stress

Zurück in die Wachstumsspirale

Der Technik der Gegenwart kann jederzeit ein Energiekollaps drohen! Erinnern wir uns nur an den letzten GAU in Japan, und die Reaktoren von Fukushima sind noch immer nicht unter Kontrolle. Im Charakter dieser Energiegewinnung wächst der Bewegungswiderstand im Quadrat zur Bewegungsbeschleunigung, ein Vorgang, der der etablierten Physik bekannt ist und als unvermeidbar angesehen wird. Allerdings ist der Mensch durchaus in der Lage, sich aus dieser Negativspirale zu befreien, denn es gibt Hoffnung zum Besseren, was unsere körperliche Energieversorgung unter Stressbedingungen betrifft. Dieses Hoffnungssignal möchte ich Ihnen aufzeigen, es gilt für alle stressbedingten Erkrankungen, die wir so nicht mehr hinnehmen müssen. Lassen Sie sich vertrauensvoll an die Hand nehmen, um so aus der Negativspirale wieder in eine Wachstumsspirale zu gelangen.

Die natur-unrichtige, technische Bewegung führt durch die Vernichtung des energiefördernden Gegenschwungs, speziell bei monotoner Arbeit, die Körperzellen in eine Sauerstoffkrise. Im Sinne der Selbstorganisation natürlicher Prozesse besteht jedoch die Chance, den vernichteten Gegenschwung eigenständig durch wiederholtes Gegenschwung-Stretching zu ersetzen. Bei anhaltender Arbeit ist dieser Spannungsausgleich im Zwei-Stunden-Rhythmus über jeweils sieben Sekunden das Gebot der Stunde.

Der Zwei-Stunden-Rhythmus kann durch eine skandinavische Sportstudie belegt werden, die besagt, dass ein optimal gedehnter Muskel bei fortgesetzter Arbeit nach 90 Minuten wieder seine maximale Spannung aufgebaut hat. Gegenschwung-Stretching im Zwei-Stunden-Rhythmus, so lautet die logische Konsequenz an jedem Arbeitsplatz. Auch zur Dehnungszeit liegen Studien vor, die das zeitliche Richtmaß mit sechs bis acht Sekunden ausweisen, also einigen wir uns auf den Mittelwert sieben, eine positive Zahl, denn nach der Zahlensymbolik steht die Sieben für Harmonie und Ausgewogenheit. Aus bestimmten Tierbildern ergeben sich erinnerungsstarke Symbole, wie ich sie im Buch *Fit in 7 x 7 Sekunden* (München, Kösel-Verlag 2000) vorgestellt habe. Der Sprinter unter den Tieren, der Gepard, weiß um die Bedeutung des Gegenschwungstretchings, genüsslich durch Recken uns Strecken hingegeben.

Gepard beim Stretching

Sieben Sekunden Gegenschwung-Stretching ist die vertretbare Entspannungsepisode an allen Arbeitsprätzen! Jeder größere Zeitaufwand ist unrealistisch, das Büro ist nun einmal kein Fitnessstudio!

An dieser Stelle lohnt wiederum der Blick in die Natur. Die Weltmeister des Stretchings sind die Katzen in unterschiedlichsten Prägungen, die Wildkatzen einbezogen. Allen gemeinsam ist der »Katzenbuckel«, das Gegenschwung-Stretching des Rückens der ganz besonderen Art, einschließlich der Laufmuskeln. Und wenn wir etwas genauer hinschauen, sehen wir: Sieben Sekunden sind auch hier etwa das Zeitmaß. Täglich praktiziert unser Hauskater Kalle mehrmals seinen Katzenbuckel mit Wonne, vorbildlich analog zur tiefen Entspannungshocke. Aber nicht nur das, auch vor jedem Sprung setzt er zum Gegenschwung an, dabei staune ich immer wieder, wie genau er Maß nimmt mit seinem Abducken in Beziehung zur Fensterhöhe, die er erreichen will, und in diesem Timing hat er sich noch nie verrechnet, denn Sprunghöhe und Intensität des »Abtauchens« passen immer zusammen. Wie viele Hosen habe ich allein in meiner Kindheit beim Sprung über einen Zaun zerrissen, das passiert unserem Kalle niemals.

Chronische Energiekrisen in der Negativspirale technischer Bewegungen

Jede Stressbelastung ist ein »Sauerstoff-Killer«, diese Energiekrise trifft im Bewegungssystem aber primär nicht den »Muskelmotor«, sondern die kraftübertragende Sehne. Warum das so ist? Weil die Sehne bereits im Normalzustand, also ohne Belastungsstress, schlecht mit Sauerstoff und Energie versorgt wird. Bradytroph nennt die Medizin dieses Gewebe, und neben den Sehnen gehören hierzu auch die Bandscheiben sowie der Innen-

Wir sind gut beraten, wenn wir uns fürsorglich um unsere »weiten Wiesen« im Körper kümmern, die Sehnen, die Menisken und die Bandscheiben.

und Außenmeniskus. Es handelt sich, vergleichbar zur Landwirtschaft, um eine sogenannte »Weite-Wiesen-Situation«, die der Bauer durch ihre weiten Wege nur schwer bewirtschaften kann.

Hier werden Sie hellhörig, denn jeder von uns fürchtet seine Sehnenscheidenentzündungen, die häufig langwierige Behandlungen nach sich ziehen. Oft drohen Operationen, die nicht immer erfolgreich verlaufen. Im Vordergrund stehen die Meniskuseingriffe am Kniegelenk, die nicht selten durch einfache Revision (Arthroskopien) korrigiert werden, weil ein Meniskusriss praktisch nicht genäht werden kann. Das hängt mit der geschilderten Minderdurchblutung zusammen: Der größte Teil dieser Knorpelscheibe (innere zwei Drittel) wird durch die Gelenkflüssigkeit über Diffusion ernährt. In dieser Beziehung hat jeder Fußballer seine ganz bestimmte »Meniskus-Anamnese« aufzuweisen, weil in dieser Sportart Drehverletzungen nicht selten sind. Hinzu kommt der durch Stollen im Schuh fest im Rasen verankerte Fuß im Moment der Distorsion. Der so entstandene Energiestau kann durch seitliche Ausweichbewegungen (Rutschen am Boden) nicht ausgeglichen werden, das Trauma trifft mit voller Wucht den Kniebinnenraum. Auch Tennis ist in dieser Beziehung verletzungsanfällig, weil in dieser Stop-and-Go-Sportart Seitensteps vorherrschen. Besonders gefährlich ist Tennis in Hallen mit Kunststoff, weil im Gegensatz zum Sandplatz der Fuß in der Schlagphase abrupt abgebremst wird, sodass der Energiestau nicht durch das ausgleichende Rutschen auf dem Boden aufgebraucht werden kann.

> Stressbelastungen treffen den menschlichen Bewegungs-
> apparat dort, wo er am schwächsten ist. Der erste
> Schwachpunkt ist die Sehne im Muskel-Gelenk-Verband,
> der zweite die Menisken im Knie sowie die Bandscheiben
> in der Wirbelsäule. Gehen Sie bitte vorsichtig mit Ihren
> »weiten Wiesen« um.

Tendinosen statt Sehnenscheidenentzündungen

Chronische Stressbelastungen bewirken natürlich nicht unmittelbar eine Sehnenruptur, das ist die Ausnahme. In der
Regel verläuft der Abnutzungsvorgang, von der Medizin als
Degeneration umschrieben, schleichend über einen länge-
ren Zeitraum. Der Krug geht so lange zum Brunnen, bis er
bricht: Diese Degeneration ist also ein schleichender Prozess, der aber eines Tages allein durch eine gewöhnliche
Verrichtung, in der Medizin mit Gelegenheitstrauma umschrieben, in Erscheinung treten kann. Die Sehne sendet
aber wiederholt Warnsignale aus:

1. Das sind die Schwellungen verbunden mit Schmerzen,
   wie wir sie alle aus der Praxis kennen. In manchen Fällen
   treten Knackgeräusche auf, es kann auch zur akuten
   Blockade der Sehne in ihren Gleitfach, besonders in den
   Fingern, kommen. All diese weit verbreiteten Funktionsstörungen werden fälschlicherweise als Sehnenscheidenentzündungen abgetan, aber sie sind keine Entzündungen im eigentlichen Sinne, weil in der Regel zwei wichtige
   Entzündungszeichen nicht beobachtet werden: Es fehlen bei diesen Sehnenscheidenentzündungen zum einen
   die Rötung und zum anderen die Überwärmung, daher

ist die Bezeichnung Tendinose treffender, womit ein Schrumpfungsvorgang bezeichnet wird.

2. Auslöser dieser Funktionsstörungen sind lokale Stressspannungen, die in den Sehnen eine Energiekrise auslösen. Der Muskel kann diese Unterversorgung relativ gut ausgleichen, weil er schon im Normalzustand optimal mit arteriellem Blut versorgt wird. Nicht so die Sehne, wie bereits gesagt. Und nun beginnt Schritt für Schritt in der Regel die chronische Degeneration, ein langsamer Verschleiß, der oft mit Rezidiven verbunden ist, wenn nicht ursächlich auf diesen Prozess eingegangen wird.

In mehreren Stufen vollzieht sich bei einseitigen, natur-unrichtigen Bewegungen die Degeneration.

- Die erste Degenerationsstufe fällt durch Veränderungen der Zelle auf: Der zentrale Zellkern der Sehnenzellen wird randständig, die geschädigte Zelle kann ihre Funktion ständiger Erneuerung von elastischen Fasern nicht mehr erfüllen. Defekte in der Zwischenzellsubstanz sind die Folgen.

- In der zweiten Schwellungsphase versucht der Körper, diese Lücken durch Wasser, Fett oder Schleim auszugleichen, wodurch lokale Schwellungen erzeugt werden.

- Die dritte Stufe imponiert durch jugendliche Bindegewebszellen (Fibroblasten), die bereits im unreifen Zustand den ausgewachsenen Fibrozyten zu Hilfe kommen müssen, damit die Produktion elastischer Fasern nicht ganz zusammenbricht.

- In der vierten Stufe baut der Körper in seiner Not anorganisches Material, das ohne Sauerstoff auskommt, in die Lücken ein. Diese Kalkablagerungen treten oft in Röntgenaufnahmen an bestimmten Gelenken in Erscheinung: Schulter, Ellbogen, Ferse (Fersensporn).

Gegenschwung-Stretching 69

- Die letzte Stufe ist dann der absolute Funktionsausfall (funktio laesa), der auch mit einer Sehnenruptur enden kann (z. B Achillessehnenruptur, Ruptur der langen Bizepssehne, Ruptur der langen Daumenstrecksehne).

Das Wunder der Zellregeneration
Geradezu genial wirkt das natürliche Prinzip der Selbstorganisation. Lebendige Zellen wehren sich gegen eine chronische Stressbelastung mit allen Mitteln, was immer dann fatal endet, wenn nicht rechtzeitig die in diesem Buch aufgeführten Maßnahmen ergriffen werden.

Die Antwort der modernen Medizin auf die stressbedingten Erkrankungen ist jedoch ebenso technisch, mechanisch, wie die Entstehung der Funktionsstörungen durch die monotone, unnatürliche Belastung. In diesem Zusammenhang müssen wir uns nur vorstellen, die Lachse würden den wechselnden Flossenschlag nur einseitig durchführen, vergleichbar der menschlichen Hand in der monotonen Beugebelastung der Finger auf der Tastatur. Erstens würden die Lachse nie ihr Ziel erreichen und zweitens, analog zum Karpaltunnel-Syndrom der menschlichen Hand, würden in der einseitig belasteten Muskulatur frühzeitig Funktionsstörungen einsetzen, verbunden mit Schmerzen und Leistungsverlusten.

Der Perpetuum-Mobile-Effekt der Lachse

Die Lachse handeln in ihrer Natürlichkeit klüger. In der wechselweise maximalen Ausnutzung gegensätzlicher Muskeln (Synergisten wie Antagonisten) sorgen sie für einen kontinuierlichen Nachschub an Energie durch einen natürlichen Vorgang zwischen Anspannung und Entspannung. Mit jedem Flossenschlag fließen jedes Mal 40 Prozent mehr Energie in die erweiterten Antagonisten, ausgelöst durch die Kontraktion der Synergisten. Dieser Perpetuum-Mobile-Effekt läuft Stunde um Stunde, und zwar ohne Stretching und Erholungspausen.

> Der Perpetuum-Mobile-Effekt der Lachse ist simpel und einfach zugleich. Der kontinuierliche Wechsel zwischen Richt- und Gegenschwung macht die Tiere zu wahren Bewegungswundern der Natur. Diesem Beispiel folgt der Mensch nicht, in seiner Anpassung an die Technik wurde der energiefördernde Gegenschwung vernichtet.

Im Sinne der pfeilgeraden Mechanik folgt der Mensch im Technikzeitalter vollständig dem Zeittakt der Maschine, die Hände sind nur noch deren verlängerte Hebel. In der Tastenposition am Computer geraten alle Fingerbeuger unter Dauerstress, dabei werden speziell die schlecht durchbluteten Sehnen nachhaltig geschädigt, sie degenerieren und können in Extrempositionen sogar zerreißen. In diesem Zusammenhang ist die »Trommlerlähmung«, die eine Ruptur der langen Daumenstrecksehne darstellt, die älteste Berufskrankheit. Sie wurde bereits bei den Trommlern Friedrichs des Großen im Siebenjährigen Krieg festgestellt: Durch das explosionsartige Hochreißen des Daumens mit

Gegenschwung-Stretching

dem Trommelschlägel entstehen in der langen Daumenstrecksehne hohe Reibungskräfte, die zur Spontanruptur führen können. Diese ersten Berufskrankheiten konnten aber noch nicht durch ein soziales Netz aufgefangen werden, die existenzbedrohende Berufsunfähigkeit war damals ein schweres Los, spezielle Operationsverfahren standen noch nicht zur Verfügung. Heute ist die moderne Handchirurgie imstande, diese Verletzung durch Operation zu heilen, sodass auch ein Trommler weiter trommeln kann. Das alles müssen wir würdigen, das sind die wertvollen Seiten der Hightech-Chirurgie, die wir dankbar zur Kenntnis nehmen und auf die wir nicht verzichten möchten!

Die Sehnendegeneration an der Hand beginnt mit Schwellungen der Sehnen, denn in den ersten Stadien der Tendinose kommt es zu Wasser-, Schleim- oder Fetteinlagerungen. Raumfordernde Einlagerungen engen den begrenz-

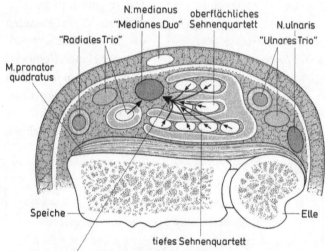

Drucksteigerung auf den Mittelhandnerven durch Volumenzunahme und Verkürzung von neun Beugesehnen

Karpaltunnel

ten Karpaltunnel ein, dieses Kompressionssyndrom bedrängt den bedeutsamen Handnerven (Mittelhandnerv – *Nervus medianus*) und der Nervenschmerz ist es, der Menschen in die Klinik treibt.

Und was macht die moderne Handchirurgie? Sie sprengt operativ den Tunnel. So wird der Druck vom Handnerv genommen, man eröffnet mit dem Skalpell den Karpaltunnel, um dem bedrängten Nerv den Druck aus der Umgebung zu nehmen. Das kann man genial nennen! Simpel und einfach wäre die bessere Bezeichnung, genau so wie die Entstehung im Zusammenhang mit einer unnatürlichen Bewegung. Ein Bahnangestellter würde auf den Stopp eines mit Holz überladenen Güterzuges im Tunnel anders reagieren. Um den verklemmten Zug wieder frei zu bekommen, sprengt er nicht, analog zum Chirurgen, den Tunnel, er entrümpelt den überladenen Wagon. Das ist genial, meinen Sie nicht auch? Das Entladen der Baumstämme beseitigt ein akutes Kompressions-Syndrom ursächlich und nicht rein symptomatisch durch die OP. Das Gleiche bewirkt Gegenschwung-Stretching, denn durch den Spannungsausgleich der Sehnen

> *Wiederholtes Gegenschwung-Stretching ist die einzige Maßnahme im Stresszeitalter, um aus einer natur-unrichtigen Bewegung wieder eine natur-richtige zu formen, das können wir alle von den Lachsen lernen.*

> Mit dem Gegenschwung-Stretching lernt zudem der Patient eine Maßnahme, durch die Wiedererkrankung in der Zukunft vermieden werden kann, wenn er denn regelmäßig am Arbeitsplatz diesen Ausgleich sucht. Das kann die moderne Chirurgie nicht leisten, denn sie weist bei einer Wiedererkrankung auf die erneute Operation hin!

geht auch die Schwellung zurück. Der Mittelhandnerv wird entlastet, damit schwinden Schritt für Schritt die Schmerzen, und die Hand wird wieder voll funktionstüchtig.

An dieser Stelle gestatten Sie mir zwei Berichte aus meiner Praxis:

Der Musiker Ch. H. (Klavier, Horn) schreibt: Die Schmerzen in den Fingern sind nach den Übungen, die ich jetzt regelmäßig mache, weg und ich freue mich auf die Konzertreise mit dem Bundesjugendorchester.

Die Musikerin U. W. (Gitarre) klagt über Handschmerzen besonders im linken Daumen. Nach wiederholtem Gegenschwungstretching über vier Wochen war sie völlig beschwerdefrei, obwohl von drei Chirurgen bereits eine Operation geplant war.

Um stressbedingte Erkrankungen zu vermeiden, wollen wir aber bereits vorweg (Prävention) aus all den technisch bedingten natur-unrichtigen Bewegungen natur-richtige Vorgänge machen. Das ist aber nicht nur eine Frage der Einstellung, sondern auch ein Zeitproblem. Mit dem Stretching lernen Sie jedoch kleine Entspannungsepisoden mit hoher Wirkung, die praktisch an jedem Arbeitsplatz und zu jeder Zeit leicht und schnell (sieben Sekunden) umgesetzt werden können.

Wir können nicht von heute auf morgen auf all die technischen Errungenschaften verzichten, die unser Leben »bereichert« haben, und das wollen wir auch nicht. Wir können aber lernen, durch Gegenschwung-Stretching im Zwei-Stunden-Rhythmus aus jeder unnatürlichen, technisch-mechanischen Belastung eine natürliche, energiefördernde zu formen, und das zum Wohle unserer Gesundheit. Und wenn wir dann noch über 15 Minuten das Mittagstief durch die Vagus-Meditation ausgleichen und einmal am Tag beide Beine über 30 Minuten synchron zur Musik tanzen lassen, dann haben wir eigentlich schon alles richtig gemacht, um auch unter Stressbedingungen glücklich leben zu können.

Präventivmedizin ist das kontrollierte Chaos in einem technischen System perfekter Ordnung, das in seiner Einseitigkeit als geschlossener Regelkreis ins Negative (Entropie) abgleiten muss, wenn nicht von außen regulierend auf diese Negativspirale Einfluss genommen wird. Haben Sie also den Mut, ständig »aus der Reihe zu tanzen«.

Von der Natur lernen

Was können wir von der Natur lernen? Wie kann es jedem von uns gelingen, einigermaßen unbeschadet durch den Stressalltag mit seiner schnellen und einseitigen Gradlinigkeit, seiner lauten Rastlosigkeit, vor allem aber mit seiner hohen Informationsdichte zu kommen? Zunächst müssen wir den Mut aufbringen, anders zu sein, als es die Norm vorschreibt. Das sind die natürlichen Grenzflächensituationen von einem Extrem ins andere. Nur so sind Wachstumsschübe möglich. Sobald wir jedoch an einem Eckpunkt der Lebensspirale stehen bleiben, sind Leistungseinbrüche, Krankheit oder gar der Tod die Folge. Die Initialzündung für natürliche Energie in der logarith-

Auf den richtigen Mix im Leben kommt es an, denn immer dasselbe macht dumm und krank!

mischen Spirale ist die permanente Veränderung von einem Extrem ins andere.

Da tauchen sie wieder auf, die sogenannten »Passierchen« des Physikers Hans-Peter Dürr im Wechsel der Gegensätze. Goethe umschreibt diese aufbauenden Aktionen mit den Worten: »Wer immer strebend sich bemüht, den können wir erlösen.« Stets handelt es sich um wiederkehrende Episoden der Veränderung. In diesem Buch sind es die täglichen Rituale, an deren Memory-Effekten Sie nur schwer vorbeikommen können:

- Gönnen Sie sich stets wiederkehrende Rituale der Erholung und Entspannung als Leuchttürme im grauen Stressalltag.

- Starten Sie jeden Morgen mit einem Szenario, das Ihnen für den Tag den notwendigen Rück(en)halt gibt.

- Machen Sie alle zwei Stunden Ihren ganz speziellen »Katzenbuckel« für den Rücken, ergänzend in Variationen durch Gegenschwung-Stretching für alle Gelenke.

- Nehmen Sie jeden Mittag nach dem Essen Ihre ganz persönliche Auszeit durch 15 Minuten Vagus-Meditation.

- Tanzen Sie nach der Arbeit, aber noch vor dem Abendbrot, 30 Minuten im Rhythmus beschwingter Musik, ganz nach dem Motto: »Hab ein Herz für dein Herz«.

- Freuen Sie sich auf die geruhsame Nachtruhe, denn Sie sind mit der Vagus-Meditation auf der sicheren Seite, um jeder Schlafpause mit Gelassenheit begegnen zu können.

6. Kapitel
Das Bewegungswunder der Lachse – Wie kann der Mensch es kopieren?

Die sechs Gebote im Stresszeitalter

Die optimale Biomechanik der Lachse kann zum einen durch Gegenschwung-Stretching kopiert werden. Es bleibt allerdings bei der Einschränkung anhaltender natur-unrichtiger Bewegungen durch die bestehenden Arbeitsanpassungen im Technikzeitalter, denn die Bedienungsvorgänge an Maschine, Instrument, Computer sind festgeschrieben und damit für jedermann unumstößlich:

1. Das *erste Gebot* im Stresszeitalter bei monotoner Arbeit ist das Sieben-Sekunden-Gegenschwung-Stretching im Zwei-Stunden-Rhythmus. Die ausgleichende Gegenposition der Lebensspirale zwischen Richt- und Gegenschwung wird praktiziert, ohne dass grundsätzlich der Bewegungs- bzw. Arbeitsvorgang geändert wird. Die Sekretärin am Computer, der Geiger an der Geige halten konstant an ihren Gewohnheiten fest, lediglich die Sieben-Sekunden-Entspannungsepisode in Wiederholung lockert ihren Stressalltag auf. Dieses Zeitmaß der Arbeitsunterbrechung ist realistisch, denn alle zeitintensiven Programme haben sich bei der Arbeit nicht durchgesetzt.

2. Das *zweite Gebot* im Stresszeitalter sieht die Wiederherstellung der Lebensspirale mit allen Mitteln vor. Aus jeder natur-unrichtigen Bewegung entsteht eine natur-richtige, sobald wir die natürliche Schwimmtechnik der

Lachse zwischen Richt- und Gegenschwung total übernehmen. Das bedeutet, dass jeder Richtschwung durch den energiefördernden Gegenschwung eingeleitet wird. Das spart Zeit, denn es werden zusätzlich zur der Bewegung bzw. Belastung die sieben Sekunden Stretchingzeit eingespart. Es setzt aber voraus, dass der energiefördernde Gegenschwung fester Bestandteil der neu festgelegten Bewegung wird. Das lässt sich beim Gehen durch wiederholte Pirouetten umsetzen, durch die 180-Grad-Körperdrehung, die Sie über einige Schritte durch Retrowalking fortsetzen. Allein hierdurch machen Sie aus Beugemuskel Strecker und umgekehrt, wobei der Rückwärtsgang durchaus mit Gegenschwung-Stretching verglichen werden kann.

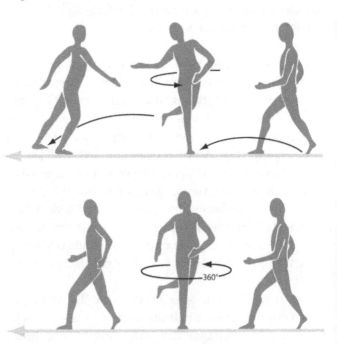

180-Grad-Pirouette und Stretching der Waden

3. Das *dritte Gebot* im Stresszeitalter ist die Entspannungshocke. Wir hatten bereits erfahren, dass im Spitzensport in bestimmten Fällen (Hochsprung, Kugelstoßen etc.) das natur-richtige Verhalten zu deutlichen Leistungssteigerungen geführt hat. Immer waren es spiralförmige Bewegungsmuster, die den Durchbruch ermöglichten. Auch die Startposition der tiefen Hocke im Hundertmeterlauf ist eine spezielle Form des Gegenschwungs, denn der Sportler wendet sich praktisch in dieser Kauerstellung vom Ziel ab, er hält diese Haltung, wenn auch deutlich abgeschwächt, bis ca. 70 Meter auch auf der Laufstrecke aufrecht. Die totale Körperstreckung auf den letzten 30 Metern bewirkt, dass er mit allen Restreserven noch einmal beschleunigen kann. Damit kann klar belegt werden, dass die Entspannungshocke unsere optimale, körperliche Energiespeicher-Position ist, in der wir auch dem Alltagsstress den geringsten Widerstand entgegenbringen. Aus gutem Grunde waren wir auch in pränataler Zeit in dieser Kokonhaltung, damit der aufbauende Wachstumsprozess optimal verlaufen konnte.

Saigonhocke

4. Das *vierte Gebot* im Stresszeitalter ist die Motivation des Einzelnen zur wiederholten Entspannung durch den hohen Memory-Effekt der Rituale. Die tägliche Arbeitspra-

xis beweist, dass sich betriebliche Prävention nur durch die Kraft der Rituale durchsetzen lässt. Diese Aussage trifft für all die Menschen zu, die sich mit ihrer Arbeit derart identifizieren, dass sie die Zeit ganz einfach vergessen, und hierzu gehört auch die Zeit für die anstehende Entspannung. Menschen, die in ihrer Arbeit aufgehen, beachten erst dann ihren Rücken, wenn die Schmerzen unerträglich werden. Dann ist es aber oft schon zu spät. Der amerikanische Psychologe Mihály Csíkszentmihályi hat sich speziell mit dieser Frage beschäftigt und in diesem Zusammenhang den Flow-Effekt beschrieben, den man nicht nur im Sport, sondern auch bei der Arbeit erleben kann.

5. Das *fünfte Gebot* im Stresszeitalter ist tägliches 15-, besser 30-minütiges Tanzjogging. Einfach und schnell praktiziert auf dem häuslichen Minitrampolin vor der täglichen Dusche.

6. Das *sechste Gebot* im Stresszeitalter lautet: 15 Minuten Vagus-Meditation jeden Mittag zwischen 13 und 14 Uhr am Arbeitsplatz und in der Freizeit. Allein hierdurch kann nicht nur das persönliche Wohlbefinden nachhaltig gesteigert werden. Insbesondere wird die Leistungsfähigkeit für den restlichen Tag um 35 Prozent gesteigert, hieran kommen weder Unternehmer noch Gewerkschaftler vorbei.

Natur-richtiges Gehen mit »Gegenschwung-Turbo«

Auch in unser Gehverhalten lässt sich der »Gegenschwung-Turbo« bewusst integrieren, wodurch insbesondere die Antriebskräfte der Hüftbeugemuskeln sowie der Wadenmuskeln verbessert werden können:

Beim Gehen erfolgt der erste Gegenschwung über die maximale Hüftstreckung. Hierdurch werden die Hüftbeugemuskeln »aufgeladen«, die dann das Bein schwungvoll nach vorn katapultieren. Das ist der von mir so genannte »Obama-Swing«, weil speziell der amerikanische Präsident beim Abschreiten einer Ehrenkompanie diesen Hüft-Swing perfekt demonstriert. Dieser Retro-Swing ist ebenso beim Skilanglauf in Diagonaltechnik zu beobachten, damit der Gleitschritt in die Spur nach vorn energievoll vollzogen werden kann.

Jeder Schritt beim natürlichen Gehen beginnt also mit der maximalen Hüftstreckung (Obama-Swing) als Gegenschwung, gleichzeitig erfolgt das Abstoßen des Körpers mit dem Vorfuß durch die Anspannung der Waden als Richtschwung nach vorn.

Obama-Swing

Betonter Gegenschwung aus der Hüfte.

Obama-Swing und Skilanglauf

- Jetzt folgt die eminent wichtige vordere Lande- oder Stützphase, bei der die meisten Fehler auftreten und die ich schon erwähnt habe. Aus Sicht der Bipolarität kann es nur eine Antwort geben: Wenn das hintere Abstoßen mit dem Vorfuß geschieht, dann muss das Aufsetzen des Fußes vorne mit dem Rückfuß (Ferse) erfolgen, und zwar mit der Außenkante der hinteren Ferse. Über die gleichzeitige Anspannung der vorderen Schienbeinmuskeln werden Waden und Achillessehnen über ihre Grundlänge gedehnt (energieförderndes Gegenschwung-Prinzip), nur so können die vielen Wadenmuskel- und Achillessehnenbeschwerden vermieden werden. Die Hüfte folgt in dieser Phase dem Richtschwung nach vorn, beim Abstützen des Beines sorgen der große, mittlere und kleine Gesäßmuskel für die nötige Stabilität.

Die vordere Landephase des Fußes beim natürlichen Gehen wird bestimmt vom Aufsetzen des Fußes mit der Außenkante der hinteren Ferse. Das ist der entscheidende energiefördernde Gegenschwung für die Waden-Achillessehnen. Nur so können die vielen Funktionsstörungen in diesem Bereich vermieden werden.

Achtung: Das Kardinalproblem beim absatzbetonten Vorfußgehen ist die Doppelbelastung des Vorfußes, einmal primär hinten beim Abstoßen des Fußen, zum anderen aber auch sekundär bei der vorderen Landung mit dem Vorfuß.

Wie wichtig das Richtschwung-Gegenschwung-Prinzip beim Laufen ist, kann auch durch die Karriere vieler Sportler belegt werden. Der zweifache Silbermedaillen-Gewinner über 5000 und 10 000 Meter von Rom 1960, Hans Grodotzki aus Ostberlin, klagte am Ende seiner Laufkarriere über Achillessehnenbeschwerden. In einer Klinik in Berlin-Buch versuchten die Ärzte, die verkürzte Sehne durch ein Plastikteil zu erweitern. Von einem Sportreporter im späteren Leben nach seinem Befinden gefragt, lautete die Antwort: »Die Achillessehne ist jetzt so rigide wie Beton.« Auch Martin Lauer, dem letzten »weißen« Weltrekorder über 110 Meter Hürden, ging es nicht besser. Er musste seine unvergleichliche Karriere aufgeben, weil eine Injektion in die verkürzte Achillessehne eine Infektion nach sich gezogen hatte.

Warum erzähle ich diese Schicksale? Weil sie belegen, dass selbst im Spitzensport die natur-richtigen Bewegungen nicht immer verstanden werden. Leistung und Erfolg stehen an erster Stelle, dem wird alles untergeordnet, sodass das regenerative Element einfach zu kurz kommt, in diesem Falle das wiederholte Gegenschwung-Stretching.

Natur-richtiges Gehen in spiralförmigen Pirouetten

Die Gehtechnik des Menschen lässt sich in der dreidimensionalen Spiraltechnik weiter verbessern, dreidimensional deshalb, weil hierdurch die tiefenwirksamen Rotationsmuskeln mit in den Antrieb einbezogen werden (insbesondere die kräftigen Gesäßmuskeln). Mit dieser Pirouetten-Technik gehen wir den gleichen Weg wie beim Hochsprung oder Kugelstoßen, aber auch das Sprungverhalten im Eiskunstlauf wird hierdurch bestimmt.

Beim Gehen und wiederholt auch beim Laufen drehen wir 180-Grad-Pirouetten rechts- und linksherum, bewegen uns über einige Schritte rückwärts, um dann wieder ins normale

Wiederholtes Retrowalking ist ein optimales Stretching im Vorübergehen, besonders der Waden-Achillessehnen, am stärksten ausgelöst durch den betonten Rückschwung des hinteren Beines, d.h. man setzt den Fuß weit nach hinten auf.

Vorwärts zurückzukehren. Durch dieses wiederholte Retrowalking entlasten wir nachhaltig alle Laufmuskeln, denn aus Beuger werden Strecker, aus Strecker Beuger.

Besonders ratsam ist diese Spiraltechnik beim Bergwandern, denn im Aufstieg ist Kraftausdauer gefragt, sodass sich schnell Ermüdungszeichen einstellen können. Gehen Sie nie untrainiert in die Berge, besonders wenn es über 2000 Meter geht, arbeiten Sie schon zu Hause speziell an ihrer Ausdauer. Dabei wird Ihnen vor allem das häusliche Trampolin sehr gute Dienste erweisen, besonders wenn Sie bis zum Abreisetermin stark beruflich gefordert sind.

Im »Spiralförmigen Sprungfeder-Turbo«, bergauf leicht gemacht!

Bei dieser Vorbereitung können Sie speziell die fersenbetonte Spiraltechnik einstudieren, wenn Sie Handgewichte benutzen, weil hierdurch automatisch der betonte Ferseneinsatz auf der Matte geübt werden kann. Das wird Ihnen am Berg eine große Hilfe sein.

Bergauf spüren Sie die Schwerkraft bei jedem Schritt, die gilt es leicht zu überwinden. Die Lachse haben es in ihrer Bewegung gegen den Wasserwiderstand leichter, sie pendeln mit der Schwanzflosse nur hin und her im Wechsel

Beim Bergsteigen schwindet die Höhenangst vor dem steilen Gipfel dank »Spiral-Sprungfeder-Turbo«.

zwischen Richt- und Gegenschwung. Das können wir Menschen mit dem Fuß nur über die Spiralbewegung imitieren, was allerdings etwas komplizierter ist, aber mit ein bisschen Übung stellt sich bald der überraschende Effekt ein.

Das Bewegungswunder der Lachse 85

- Gehen Sie die Sache bewusst langsam an, pro Sekunde eine Stufe.

- Atmen Sie konsequent durch die Nase ein und aus, so bleiben Sie in der sauerstoffreichen (aeroben) Trainingszone und können sich nicht überfordern. Verlangsamen Sie das Tempo, sobald Sie durch die Nase nicht genügend Luft bekommen.

- Deutlich betonter Ferseneinsatz in der vorderen Stützphase des vorangehenden Beines.

- Kippen Sie deutlich den Fuß über Außenkante-Innenkante ab, das unterstützen Sie, wenn Sie in Serpentinen aufsteigen, also nicht gerade-linear.

- Beugen Sie bergauf, je nach Gelände, den Oberkörper stärker vor, besonders wenn sich eine höhere Trittstufe in den Weg stellt. Durch das stärker gebeugte Hüftgelenk erhält insbesondere der Oberschenkelstrecker-Muskel ein deutlich verbessertes Leistungsspektrum. Probieren Sie es aus, Sie spüren es sofort.

- Legen Sie besonders am Anfang Ihren individuellen Schrittrhythmus fest und lassen Sie sich von den Profis nicht unter Druck setzen. Gehen Sie abseits der Gruppe Ihr individuelles Tempo.

- 180-Grad-Pirouette und vier Schritte aufwärts in Rückwärtstechnik, und zwar vorfußbetont. Dabei können Sie wiederholt den Vorfuß betont in den Boden »rammen«.

> Vor- und wiederholt rückwärts bergauf ist unser natürlichstes Laufkonzept, besonders unter erschwerten Bedingungen. Dabei ist der Rückwärtsgang eine spezielle Erholung durch Stretching im Vorübergehen, denn Sie dehnen besonders die Waden und Oberschenkelstrecker, die schnell am Berg ermüden, wenn Sie wie gewöhnlich nur vorwärts den Berg angehen.

Diese Bergpirouetten kann ich Ihnen nur wärmstens empfehlen. Die spezielle Technik ist durch eigene Erfahrung langsam gewachsen. Angefangen hat alles auf dem internationalen sportmedizinischem Kongress in St. Moritz, wo ich die Leitung der Berglaufgruppe hatte, mit Läufen auf den Piz Nair, auf den Piz Lagalp, Piz Langard, um nur einige zu nennen, und eben auf den Piz Alv, meinen Lieblingsberg, der auch in diesem Jahr wieder auf dem Programm stand. Aber der diesjährige Aufstieg war besonders reizvoll, einmal durch das gemeinsame Erlebnis mit meiner Frau und zum anderen durch die erholsame Pirouettentechnik, die wir beide mit Freude und Genuss erleben durften.

Beste Erfahrungen konnten wir in diesem Jahr auch auf der Via splüga von Thusis (Schweiz) nach Chiavenna (Italien) mit einer Zwanziger-Wandergruppe sammeln. Dabei hat speziell die Spiral-Retro-Technik dazu beigetragen, dass subjektive Überforderungen oder einseitige Rücken-Gelenk-Belastungen vermieden wurden. Insbesondere das »Rückwärts bergab« wurde als deutliche Entlastung wahrgenommen. Keine Angst vor Stürzen! Rückwärts bergab ist sogar ein zusätzlicher Sicherheitsfaktor, weil man mit dem Oberkörper dichter am Berg ist und die Profilsohlen der Bergschuhe besser greifen können als vergleichsweise vorwärts ins Tal. Dabei muss man wissen:

Auf der Via splüga von Thusis nach Chiavenna

Die höchste Sturzgefahr ist die Unachtsamkeit eines Routinevorganges. Bergsteiger verunfallen häufig, wenn sie die Herausforderung des Gipfels gemeistert haben, sie stürzen beim Abstieg. Der häufigste Arbeitsunfall ist das Umknicktrauma auf dem Weg in die Firma, oft ein Geschehen verminderter Achtsamkeit.

Das Bewegungswunder der Lachse   87

> Das Highlight in diesem nassen Jahr auf den Alv war
> das sprudelnde Bergwasser im Bachbett: Schuhe und
> Strümpfe aus und à la Kneipp hinein ins kalte Vergnügen.
> Dieses »Kälte-Doping« wirkt wie ein Turbo, der Sie regel-
> recht auf den Gipfel treibt!

Kraulen wie ein Fisch im Wasser

Von einem erfolgreichen Triathleten erhielt ich den Tipp,
meine Schwimmtechnik auf das Schnorcheln umzustellen –
und das mit großem Gewinn für die Halswirbelsäule, die für
die Atmung beim Kraulen nicht mehr überstreckt werden
muss. Außerdem verbessert diese »Totraum-Technik« die
Atemhilfsmuskeln, die verstärkt gefordert werden. Gleichzeitig habe ich meine Armtechnik verändert: Ich nehme die
Arme beim Vorwärtsschwung nicht mehr aus dem Wasser.
Der Armeinsatz wechselt unter Wasser analog zum Flossenschlag der Lachse zwischen Richtschwung nach unten-hin-
ten und Gegenschwung von hinten-unten nach vorn-oben
bis kurz unter oder über die Wasseroberfläche. Mit dieser
Antagonisten-Technik (Wechsel zwischen Streckern und
Beugern) komme ich zwar nur langsam voran, aber ich
ermüde später, vergleich-
bar zu den Lachsen. In   *Die »Schnorchel-Kraul-Technik«*
dieser Schwimmtechnik   *mit permanentem Armeinsatz unter*
wird das gesamte Muskel-   *Wasser entspricht dem natürlichen*
potenzial der Arme zum   *Schwimmverhalten der Lachse mit*
Einsatz gebracht. Erfolgt   *permanenter Energieerneuerung.*
dagegen der Armzug über
das typische Wechselspiel zwischen Luft und Wasser, werden
nur die Armbeuger zum Antrieb genutzt.

7. Kapitel
Stressbelastungen bei Mensch und Tier

Optimaler Energietransfer

Stress als Überlebenskonzept ist für Mensch und Tier existentiell, unterschiedlich sind nur die Umgangsformen. Nehmen wir die Situation der Lachse in ihrem Bewegungskampf gegen die Strömungswiderstände des reißenden Wassers. Stunden-, tage-, wochenlang sind sie imstande, alle Stressbarrieren zu überwinden, und dabei funktioniert ihr Körper perfekt ohne ausgleichende Bewegungspausen und ohne Energieriegel. Wie arm sind dagegen wir Menschen dran, wenn wir ein stressreiches Arbeitspensum nur einen Tag unbeschadet überstehen wollen, was ohne Erholungspausen und ganz ohne Energiedrinks kaum möglich ist. Ganz anders die Wildgänse, deren Extremleistungen auf großen Flugstrecken in ihre Sommer- oder Winterquartiere unsere Bewunderung hervorrufen. Was machen die Lachse im Wasser, die Wildgänse in der Luft so grundsätzlich anders als wir Menschen, obwohl wir ständig mit beiden Beinen fest auf dem Boden stehen. Die Tiere leben in ihrem natürlichen Umfeld unter ungleich ungünstigeren Bedingungen als der Mensch in ständiger Bodenhaftung. Wir können von Glück sagen, dass wir nicht fliegen müssen, unter den gegenwärtigen Stressbedingungen würden wir erbarmungslos in die Tiefe stürzen.

Im Vergleich zu den Lachsen und Wildgänsen ist der Bewegungswiderstand, den wir Menschen im Gravitationsfeld der Erde aufbringen müssen, relativ gering. Um wie viel größer ist der Wasserwiderstand, dem die Lachse ausgesetzt sind. Die Wildgänse müssen gar ihr ganzes Körpergewicht mit dem Einsatz der Flügel in der Schwebe halten. Stellen Sie sich nur den Marathonläufer vor, der auf der gesamten 40-Kilometer-Distanz einem starken Sturm ausgesetzt wäre. Wie lange könnte er dieser Herausforderung Paroli bieten? Oder nehmen Sie die gefährlichen Flugversuche, die der Mensch in den letzten hundert Jahren unternommen hat. Viele sind dabei kläglich gescheitert.

Was unterscheidet uns grundsätzlich von den Tieren, wenn ein erfolgreiches Stressmanagement ansteht? Primär geht es um einen optimalen Energietransfer auch bei der Anpassung an die Moderne, aber wir betreiben unsere Bewegung nicht ökonomisch in richtiger Dosierung, oder sie ist bereits im Ansatz biomechanisch falsch programmiert:

- Jede Sitzarbeit vernichtet Bewegung. Der Mensch früherer Jahre bewegte sich noch täglich bis zu 20 Kilometer, das ist im Stresszeitalter auf klägliche 800 Meter geschrumpft, durchschnittlich gesehen.

- Der Sportausgleich wird oft mit zu viel Ehrgeiz betrieben, viele laufen für ihre Verhältnisse zu schnell, der Energietransfer ist unzureichend (anaerob), die Körperzellen erhalten nicht mehr ausreichend Sauerstoff, es droht die saure Stoffwechsellage, die den Energienachschub blockiert.

- Angepasste Arbeit ist »Beugehaft«, wir nutzen die verfügbaren Freiheitsgrade der Schulter- und Hüftgelenke nicht mehr aus, wir verzichten auf den energieliefernden Gegenschwung und werden im Laufe des Lebens immer krummer.

Es sind aber nicht nur die äußeren Rahmenbedingungen unter Stress, die die Bewegung im Allgemeinen für uns

Stressbelastungen bei Mensch und Tier 91

Menschen vor so große Probleme stellt. Eines muss auch klar betont werden: Die Lachse verfügen eindeutig über bessere körperliche Grundvoraussetzungen, um einen optimalen Energietransfer zu gewährleisten. Allein schon durch seinen Körperbau kann der Lachs im Wasser stromlinienförmig wie eine Rakete nach vorne schießen, dabei ist das Antriebsaggregat, die Flosse, ein Teil des Körpers – und vieles mehr:

● Ihre Wirbelsäule als Rückgrat mit den Gräten befinden sich in günstiger horizontaler Position, und die Schwanzflosse stellt die direkte Verlängerung dar. So kann sich der ganze Körper durch Spiralbewegungen mit in den Antrieb einbringen.

● Im Gegensatz zum Menschen braucht der Lachs keine Extremitäten und damit auch keine komplizierten Gelenke. Man bedenke allein, mit welchen Schwierigkeiten wir es mit den Kniegelenken zu tun haben: Obwohl nur reine Scharniere in ihrer Bewegungsausrichtung, haben wir es mit einer komplizierten Anatomie zu tun, weil der Innenaufbau von der Gelenkführung nicht deckungsgleich ausgerichtet ist. Wenn dann im Alltag noch eine falsche Arbeitshocke hinzukommt, ist es nicht verwunderlich, dass viele Menschen im Alter von Kniearthrosen regelrecht »in die Knie gezwungen« werden.

● Auch die Kombination des oberen mit dem unteren Sprunggelenk ist nicht einfach, zumal zwei gegensätzliche Gelenkachsen hier aufeinandertreffen.

● Der muskuläre Lachskörper kommt ohne Sehnen aus, weil die Kraft nicht auf entfernt liegende Gelenke übertragen werden muss, damit ist der Energietransfer sehr effektiv.

● Unsere Sehnen vergeuden sehr viel Energie, vor allem Reibungsenergie, auf ihrem langen Weg zu den Gelenken. Außerdem handelt es sich um sauerstoffverarmtes (bradytrophes) Gewebe (»weite Wiesen«), wodurch die Stoffwechsellage weiter verschlechtert wird. Bei hoher Beanspruchung, wie z. B. beim Bizeps oder bei der Achillessehne, kann es sogar zur Ruptur kommen.

> Für die Lachse ist Schwimmen im Wasser wie maßgeschneidert! Dagegen ist für uns Menschen im Schwerkraftfeld der Erde Bewegung zu einer echten Lebensaufgabe geworden. Allein der komplizierte Aufbau unserer Gelenke in Verbindung mit hohen Reibungsverlusten in den Sehnen stellen ein hohes Verletzungs- und Erkrankungsrisiko dar.

Es laufen die Falschen!

Wer hat nach den Stressbelastungen des Tages noch Lust, im nasskalten Stadtpark einsame Laufrunden zu drehen, was zudem in den Ballungsräumen der Großstädte für Frauen ein gefährliches Unterfangen ist. Meist sind es all die Marathonis, die sich auf den nächsten Wettbewerb vorbereiten und mehr oder weniger gesund sind. Betroffene in der sekundären Prävention, mit Frühwarnzeichen stressbedingter Erkrankungen, wie z. B. das »tödliche Quartett« (Adipositas, Fettstoffwechselstörungen, Bluthochdruck, Typ-II-Diabetes) sind kaum auf den Laufparcours anzutreffen, nur 10

In unserem Land laufen die Falschen, nur 10 Prozent aller Stressgefährdeten erfüllen das Mindestmaß dieses natürlichen Stressausgleichs, außerdem laufen 80 Prozent aller Männer zu schnell, wie aktuelle Studien der Sporthochschule Köln ausweisen.

Prozent dieser gefährdeten Gruppe erfüllen die Grundbedingungen für ein gesundes Bewegungsmaß.

Die Praxis zeigt es: Die richtige Lauftechnik ist gar nicht so einfach, wie es auf den ersten Blick erscheint. Zum einen ist das Laufen ein Erschütterungssport, weil viele auf zu hartem Untergrund unterwegs sind. Die moderne Technik hat nicht nur das Wasser durch die Kanalisierung schnell gemacht, auch die Wege wurden auf Tempo ausgelegt und begradigt, der weiche, natürliche Untergrund durch Asphalt ersetzt. Auf diesen Betonpisten ist man zwar schnell unterwegs, aber mit hohen Belastungen für Wirbelsäule und Gelenke. Angeborene Fehlstellungen in den Beinachsen provozieren zudem Arthrosen, besonders in den Hüft- und Kniegelenken. Im Alter drohen nicht selten Korrekturoperationen, sodass jetzt viel Freizeit in Wartezimmern der Reparationsmedizin zugebracht werden muss. Und das hat Konsequenzen für die Freizeitgestaltung! Plötzlich kann man wegen der anstehenden Knie- oder Hüftprobleme nicht mehr unbeschwert in den Urlaub fahren, Bergsteigen, Tennis spielen, ja nicht einmal Golf ist mehr möglich.

In falschen Schuhen unterwegs!

Ich muss mich hier wiederholen: Das absatzbetonte Vorfußgehen ist aus Sicht der Biomechanik ebenso abwegig wie die lineare Mechanik ein Irrweg. Falsche Leisten wurden schon bei der Schuhherstellung seit jeher verwendet. Im Barock war schon der Sonnenkönig in Frankreich Ludwig XIV. das Aushängeschild persönlicher Selbstdarstellung, seine hohen Absätze wurden sogar noch leuchtend rot markiert. Auch die Schuhe passten sich der linearen Mechanik an, an der Spitze und am Absatz absolut eckig, wobei die Kanten, wie bei den Pferden, noch mit Eisen versehen wurden. Verständlich, dass sie bei regem Gebrauch vorn und hinten rund gelaufen wurden, wobei der Schuster den Irrtum der ursprünglichen Gradlinigkeit (in der Natur gibt es keine geraden Wege) wiederherstellte, und die ganze Geschichte begann von neuem. Heute haben einige Hersteller dazugelernt, sie versuchen diesen natürlichen Abrieb den Schuhen in der Herstellung schon mit auf den Weg zu geben, die Schweizer mit ihren MBT-Schuhen (Massai-Barfußtechnik) an der Spitze. Leider sind diese natürlichen Ansätze nur punktuell am Markt vertreten, im Vordergrund steht weiterhin der betonte Absatzschuh, und zwar in Kombination mit einer viel zu engen Vorfußzurichtung.

Neuerdings hat man die hohe Bedeutung natürlicher Vibrationskräfte erkannt, die am Fuß immer dann entstehen, wenn er fersenbetont und mit leichter Kniebeuge zum Einsatz kommt. Das sind fördernde Schwingungsmuster, die knochenaufbauend wirken, wenn hierdurch das richtige Maß zwischen Be- und Entlastung gefunden wird. Besonders in den letzten Jahren ist allein mit der hohen Luft- oder Kunststoffkissen-Federung im Laufschuh eine regelrechte Absatzorgie betrieben worden, und erst jetzt besinnen sich einige Hersteller, leider nur wenige, auf die so wichtigen Vibrationskräfte, durch die die allgemeine Bewegung nur verbessert werden kann.

Ein Formel-1-Reifen ist vorne und hinten rund. Stellen Sie sich vor, die Rennwagen wären mit ähnlichen »Absätzen« unterwegs! Absätze sind aber nicht nur auf der Rennpiste absurd, sondern auch auf der Straße, denn Laufen oder Fahren – in beiden Fällen handelt es sich um einen Rollvorgang.

Allein das ständige Tragen von Absatzschuhen und die Bewegung auf hart-planiertem Boden machen uns das Laufen schwer, weil das natürliche Gleichgewicht der Kräfte in den Beinen gestört ist:

- Es beginnt mit Wadenkrämpfen, Wadenmuskelzerrungen, Muskelfaserrissen.
- Funktionsstörungen der Achillessehnen unterschiedlichster Art, bis hin zur Ruptur, besonders betroffen Sprinter, wie bereits geschildert, aber auch die Spitzentänzer im Ballett.
- Fersenbeinspornbildungen, besonders schmerzhaft bei jeder Belastung.
- Sehnenplattenverletzungen der Fußsohle besonders beim Anschieben schwerer Gegenstände (z. B. Auto, Schrank, Bob).
- Krallenzehen 2–5 werden bei Frauen beobachtet, die ihre Stöckelschuhe so lieben, die nicht nur hinten zu hoch, sondern auch vorne zu eng ausfallen. Damit wird der Großzehe ihr freier Raum genommen, sie wird seitlich

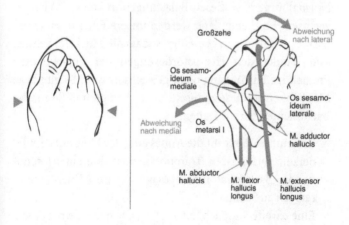

Stöckelschuhe und Hallux valgus

abgewinkelt *(Hallux valgus)*, eine signifikante Fehlstellung, die nicht selten in einer schmerzhaften Arthrose im Grundgelenk endet.

Aber nicht nur die Alltagsschuhe sind in der Regel biomechanisch falsch konzipiert, auch die meisten Laufschuhe sind vorne zu eng und hinten zu hoch. In diesen üblichen Laufschuhen hole ich mir jedes Mal beim Bergablaufen einen Bluterguss unter dem Großzehennagel, da die Großzehe im engen Vorfuß abwärts unter hohen Druck gerät. Mit dem »Barfußlaufschuh« setzt zwar langsam ein Umdenken ein, aber der Mensch lässt sich auf dem Weg zurück zum Natürlichen viel Zeit.

Und da sind wir beim Barfußlaufen! Eine tolle Sache, wenn man sie richtig angeht, denn der »zivilisierte« Fuß ist auf diese Herausforderung in keiner Weise vorbereitet. Nach meinem Vietnameinsatz habe ich für eine bestimmte Zeit den Chirurgen auf Norderney vertreten, und Sie glauben gar nicht, wie viel Verletzungen, von Zehenfrakturen angefangen, ich dort in Zusammenhang mit den üblichen Wattwanderungen behandeln musste, denn der Fuß des Normalbürgers ist diesen Belastungen in keiner Weise gewachsen. Ein Leben lang werden unsere Füße in einen ledernen Schutzkokon gezwängt, sodass die Muskeln, Sehnen und Bänder den Herausforderungen der ungewohnten Freiheit im Barfußgang nicht gewachsen sind. Es gibt zwei Möglichkeiten, diese zivilisationsgeschädigten Füße auf das Barfußlaufen vorzubereiten:

- Am einfachsten geht die Anpassung der Füße auf dem jederzeit verfügbaren Trampolin, denn hierauf ist schonendes Barfußtraining angesagt, nur im kühlen Winter rate ich zu Socken.
- Eine zweite Möglichkeit ergibt sich nach dem Laufen, wenn Sie in einem Garten auf einem kurzen Barfuß-Pfad

mit kleinen, runden Kieselsteinen auslaufen können, ein optimales Widerstandstraining mit Aktivierung der Reflexzonen zu jeder Jahreszeit, auch im Winter.

Beim üblichen Jogging am Strand müssen Sie vorsichtig sein. Im weichen Sand kann man nur schwer in Gang kommen, außerdem besteht die Gefahr für ein Overstretching-Syndrom, der durchgetretene Fuß. Optimal an der Nordsee ist der Strandabschnitt, der direkt am Wasser liegt und mit Feuchtigkeit durchtränkt ist. Hier läuft es sich hervorragend, und das mit einem gewissen Trampolineffekt. Laufen Sie aber wiederholt auch rückwärts, weil sonst die Gefahr besteht, auf dem schrägen Gelände einen Beckenschiefstand zu provozieren, der sehr schmerzhaft sein kann und umgehend reponiert werden sollte.

Die Tierpfote, der ideale Laufschuh

Nicht nur die Lachse, auch die angepassten Hunde und Katzen tun sich mit der Bewegung im Schwerkraftfeld der Erde leichter als der Mensch. Ähnlich dem Formel-1-Reifen ist auch die Tierpfote vorn und hinten abgerundet, sodass die Katze sich lautlos durch die Nacht bewegen kann. Frauen in ihren High Heels sind nicht nur hoch über dem Boden unterwegs, sie sind auch laut und laufen schnell in eine Stolperfalle. Führen wir uns dagegen das Laufbild eines Geparden vor Augen, ein Musterbeispiel vorbildlicher Elastizität. Dabei geht die Geschmeidigkeit dieses Tieres im Sprint so weit, dass bei jedem Sprung über ca. acht Meter die Hinterbeine die Vorderbeine überholen und dass in der anschließenden Streckphase praktisch ein Spagat in ständiger Wiederholung das Laufbild prägt. So beschleunigt der Gepard in wenigen Sekunden auf 100 km/h und gibt somit dem Porsche-Rennwagen das Nachsehen, dabei trägt die vordere und hintere Rundung der Pfote wesentlich zu diesem Laufwunder bei.

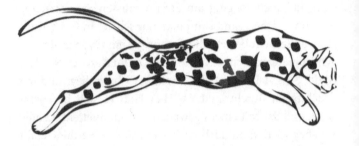

8. Kapitel
Das Vorbild der Naturvölker

Der Mensch im Mittelpunkt

Zugegeben, die Fische haben sich dem Flüssigen durch ihre Stromlinienform optimal angepasst. Nicht nur Lachse, auch Forellen können im Wasser enorme Energieleistungen erbringen. Auf ihrem Weg bergauf sind selbst reißende Wasserfälle keine unüberwindlichen Hindernisse. Auch die Vögel mit ihren Flügeln sind wahre Weltmeister der Bewegung, sie weisen nicht nur gewaltige Spannweiten auf – denken wir nur an die Adler, Falken oder Bussarde –, sie schwingen auch mit großer Amplitude zwischen der extremen Nord- und Südpolstellung. Aber all diese körperlichen Fähigkeiten reichen nicht aus, um eine Erklärung dafür zu geben, warum der Mensch im Zuge seiner Anpassung an die Technik ständig stressbedingten Erkrankungen ausgesetzt ist, die Tiere nicht kennen, so lange man sie so leben lässt, wie die Natur sie geschaffen hat.

Eine Geschichte aus unserer Familie soll diese Aussage bekräftigen. Unsere Tochter Petra übernahm in Hamburg den Kater Kalle von Freunden, als er noch klein war. Sie hielt ihn im 5. Stock ihrer Wohnung, er hatte keinen Ausgang, alle Wünsche aus menschlicher Sicht wurden ihm zwar erfüllt, er konnte aber nur durch die Fenster den fliegen-

Tiere geraten bevorzugt dann unter Stress, wenn sie sich dem Menschen zu sehr anpassen. Denken wir nur an die Tierheime oder an Haustiere, die nicht naturgerecht gehalten werden.

den Möwen sehnsüchtig hinterherschauen. Er wurde krank, und aus Kummer zerkratze er sich das Gesicht blutverschmiert. Die konsultierte Tierärztin diagnostizierte ein vermindertes Selbstbewusstsein des Katers und verordnete Bachblüten – ohne jeden Erfolg. Meine Frau konnte dieses Elend nicht mehr mit ansehen und brachte kurzentschlossen Kalle mit an den Bodensee nach Allensbach. Die ersten Gehversuche in einer Wiese waren für Kalle Stress pur, sogar die Spatzen haben ihn ausgelacht. Es dauerte aber nicht lange: Nach zwei Wochen brachte der Kater seine erste Maus, das Gesicht heilte spontan, und heute ist Kalle der schönste und glücklichste Kater von Süddeutschland, der Stress seiner Gründerzeit in Hamburg hat lediglich eine kleine Kratznarbe im Gesicht hinterlassen!

Erkennen wir Menschen uns in dieser Schilderung wieder. Leben wir noch natur-richtig oder leben wir natur-unrichtig?

Worin unterscheidet sich die Anpassung an die Umwelt zwischen Mensch und Tier? Primär hat der Mensch seine Anpassung der Zivilisation unterstellt, geprägt von seiner Vernunft, die von der Denkzentrale im präfrontalen Kortex bestimmt wird. Die Anpassung des Menschen an seine Umwelt vollzog sich nicht auf natürlichem Wege, sondern folgte vor allem gesellschaftlichen, kulturellen und naturwissenschaftlichen Normen, wobei die Religion nur noch marginal wahrgenommen wurde und wird. Die Naturwissenschaften haben aber kaum noch etwas mit der Natur gemeinsam, vielmehr unterstehen sie der direkten Steuerung menschlicher Intelligenz. In diesem humanistischen Weltbild steht nicht mehr die Natur in ihrer göttlichen Schöpfung im Mittelpunkt, sondern der Mensch, der seit der Aufklärung sich zum Maß aller Dinge aufgeschwungen hat.

Das Vorbild der Naturvölker 101

> Die Anpassung des Menschen an die Umwelt verläuft nicht
> mehr auf natürlichen Bahnen, sondern orientiert sich an
> der modernen Technik. So degenerierte der Mensch zum
> Sitzwesen, das seine Hände monoton dem Takt von Motor,
> Maschine, Instrument und Computer anzupassen hat.

Die Lachse im Wasser schwingen mit ganzem Körper
ebenso wellenartig wie das Wasser von einem Extrem zum
anderen, sie folgen damit ihrem natürlichen Rhythmus. Dabei wedelt die Antriebsflosse unaufhörlich zwischen Richt-
und Gegenschwung. Müdigkeit scheinen die Tiere hierbei
kaum zu kennen, ebenso keine Muskelkrämpfe oder Sehnenscheidenentzündungen.

Die Aleutenjäger

Unverfälschte Verhaltensmuster findet man nicht nur bei
Tieren, sondern vereinzelt auch noch bei Naturvölkern, die
den lebendigen Vorgängen ihrer Umgebung sehr nahe ste-
hen. Etwa bei den Kajakjägern der Aleuten, einem Volk der
Inselgruppe zwischen Kamtschatka (Sibirien) und Alaska,
das sich bogenartig über 2400 Kilometer im Pazifischen
Ozean am Übergang zur Beringstraße ausbreitet. Als im 18.
Jahrhundert die Russen aus Sibirien mit ihren Segelschiffen
und Bering auf einer Expedition 1741 auf diese Aleutenjäger mit ihren typischen Kajaks stießen, waren sie von der
Flexibilität, vor allem aber von der Schnelligkeit dieser
»Baidarkas« überrascht, wie die schnellen Kajaks der Aleutenjäger genannt wurden. Bis heute sind Armkraft und Ausdauer dieser Jäger legendär, konnten sie doch ihre Kajaks
über Stunden in einer Geschwindigkeit von acht Knoten

oder mehr (ca. 15 km/h) halten. Knochenfunde dieser Jäger belegen extrem kompakte und kräftige Oberarmknochen im Vergleich zu den Russen. Besonders beeindruckt aber waren die fremden Seeleute von der Konstruktion der Baidarkas, deren Außenwände aus elastischen Tierfellen bestanden, wodurch das Kajak extrem flexibel wurde, sodass es biegsam auf die Wellen reagieren konnte. Hierdurch wurde das Fahrzeug derart leise in seiner Fahrt, dass sich der Jäger unbemerkt den Robben nähern konnte. Die allgemeine Biegsamkeit dieser Boote wurde noch dadurch erhöht, dass das Bootsgerüst von Lagerpfannen aus Walross-Elfenbein zusammengehalten wurde, eine geniale Konstruktion an Elastizität, die das Hüpfen des Bootes auf den Wellen verhinderte – ein enormer Energiegewinn.

Allein dieser enormen Anpassungsfähigkeit der Baidarkas war es zu verdanken, dass die Aleutenjäger in der Robbenjagd wesentlich erfolgreicher waren als die russischen Seeleute, die mit ihren steif-linear konstruierten Booten lärmend die Robben schon im Vorweg verjagten.

Auf geniale Weise steigerten die Aleutenjäger ihre Kajaks durch ein Resonanzverhalten, das sie durch die Beladung des Bootes mit Steinen vorn und hinten erreichten. So konnten sie die flexiblen Kajaks variabel »trimmen« und der jeweiligen Frequenz der Wellen anpassen, wodurch der Wasserwiderstand weiter gesenkt wurde. Dieser Energiegewinn wurde durch die anpassungsfähige Flexibilität des Bootes erreicht, und das kraftfordernde Wegdrücken entgegenkommender Wellen wurde erheblich vermindert.

Auffallend bei den Baidarkas war auch ihre zweiteilte mundartige Bugkonstruktion. Dieser »geöffnete Mund« lag

Aleutenkanu

mit seinem Mundwinkel genau in Höhe der Wasseroberfläche, der untere Bugteil schnitt wie ein Messer durch das Wasser, der obere Teil der Gabel glitt wie ein Wasserski über die Oberfläche und verhinderte damit, dass der gesamte Bug unter Wasser geriet. Durch diese Konstruktion wurde das Boot nicht nur enorm schnell, sondern auch sehr leise.

Der berühmte englische Seefahrer James Cook durchquerte die Aleutengruppe zwischen 1778 und 1780, und er vermerkte im Bordbuch der *Resolution*: »Wir machen über 6 Knoten, aber die Aleutenjäger in ihren Robbenhaut-Kanus hielten sehr leicht mit uns mit, obwohl sie schwer mit Kabeljau beladen waren.«

Das körperliche Stehvermögen der Aleuten-Jäger war also legendär, nicht nur bedingt durch die überaus kräftigen Oberarme, sondern auch durch ein leistungsstarkes Herz-Kreislauf-System. So waren sie in der Lage, große Entfernungen in hoher Geschwindigkeit zurückzulegen. Ein russischer Missionar berichtete über das Schicksal eines aleutischen Kuriers: »Der Jäger war in 27 Stunden fast 220

Kilometer auf offenem Meer gefahren. Allerdings erlag er bald nach seiner Ankunft einer Lungenblutung.«

Aus unserer heutigen Sicht kann man nur staunen, zu welch geistig-körperlichen Leistungen diese Aleutenjäger in der Lage waren. Ihre Kenntnisse erwarben sie durch ihre enge Verbindung zur Natur. Der vorliegende Bericht stammt von Dan Schlenoff, veröffentlicht im *Scientific American*, und er endet mit der Feststellung: »Mir scheint, die ›Baidarka‹ der Aleuten waren so perfekt, dass selbst ein Mathematiker nur sehr wenig, wenn überhaupt etwas, hinzufügen könnte, wollte er ihre Seetüchtigkeit noch weiter verbessern.«

Der heutige Mensch der Moderne kann diese elementare Leistung nur bewundern, die schwer wiederholbar ist, auch nicht von unseren Bauern, Zimmerleuten oder Waldarbeitern, denn auch in diesen Berufen wird vorwiegend die Muskelarbeit durch Maschinen ersetzt.

Lediglich Greg Barton, der Olympiasieger im Einerkajak von 1988, erreichte auf einer Strecke von 800 Metern eine Geschwindigkeit von 8 Knoten (15 km/h) und konnte, wenn auch nur kurz, in den Leistungsbereich der Aleutenjäger vorstoßen. Für diesen Versuch wurde extra nach alten Plänen eine Baidarka aus dem 18. Jahrhundert nachgebaut.

Das Vorbild der Naturvölker 105

Die Entspannungshocke

Ähnliche natürliche Verhaltensmuster wie die Aleutenjäger konnte ich bei meinem Kriegseinsatz als junger Chirurg auf dem Hospitalschiff Helgoland in Vietnam beobachten. Obwohl in diesem Land der Zivilisationsprozess schon weit fortgeschritten war und ist, fällt ein typisches Körperverhalten der Vietnamesen im Alltag für uns Europäer völlig aus dem Rahmen:

Die entspannende Arbeitshocke, von mir »Saigonhocke« tituliert, war in diesem Land allgegenwärtig, nicht nur bei der Arbeit, sondern auch zur wiederholten Entspannung auf den Straßen Saigons. Während die Vietnamesin alles richtig macht: fester Fersenkontakt am Boden, Kniegelenke frontal ausgerichtet, optimal entlasteter Rücken, befindet sich der deutsche Kollege in einer einzigen Fehlhaltung: Fersen vom Boden abgehoben, Kniegelenke meniskusbelastend nach außen verdreht und ein nicht entlasteter Rücken in Aufrichtung.

Interessant, dass in Vietnam sogar das Militär auf diese Entspannungshocke zurückgreift, wenn eine Kompanie Soldaten in dieser Haltung zum Appell »antritt« – ganz im Gegensatz zu westlichen Armeen, die immer eine Hab-Acht-Stellung in straffer Körperstreckung befehlen. Selbst bei den königlichen Wachsoldaten in England oder Dänemark fürchtet man den orthostatischen Kreislaufkollaps,

Das Vorbild der Naturvölker

wenn besonders an heißen Tagen den jungen Soldaten das Blut in die Peripherie schießt und dadurch der totale, periphere Widerstand (TPR) mit dem diastolischen Blutdruck stark abnimmt, sodass der Ohnmachtsanfall droht. Den Hostessen wird bei den Olympischen Spielen in Peking sogar die spiralkinetische Hocke mit Beinüberschlag abverlangt.

Dieses natürliche Verhaltensmuster findet sich aber nicht nur in ganz Südostasien, sondern ebenso in Südamerika und in Afrika. Alle Bodenarbeiten werden hier in dieser Stellung verrichtet, ich konnte einem alten Mann im Pfeffergarten zuschauen, der in dieser Kauerstellung über Stunden tätig war. Mir ist diese Arbeitshaltung noch von den Bauern in Mecklenburg bekannt, allerdings waren sie schon auf einen Arbeitshocker eingestellt, aber immerhin

molken sie so ihre Kühe über Stunden mit der Hand, und das ohne Rücken- oder Kniebeschwerden. Vor Jahren traf ich auf einen Fliesenleger, der in optimaler Bodenarbeit auf einem Hocker unterwegs war. Angesprochen auf diese in Deutschland ungewohnte Arbeitshaltung, erklärte er, dass sein alter Meister ihm dieses Arbeitsverhalten schon als Lehrling beigebracht habe und dass er, im Gegensatz zu seinen Kollegen, Rücken- oder Kniebeschwerden nicht kenne.

Das Bild auf S. 105, aufgenommen in den Straßen von Saigon, zeigt die natur-richtige Hocke einer Vietnamesin mit nach vorn ausgerichteten Kniegelenken und festem Bodenkontakt der Fersen. Ihr direkt gegenüber der angepasste Deutsche in der natur-unrichtigen Hocke, die Fersen sind durch die chronische Achillessehnenverkürzung durch die ständigen Absatzschuhe angehoben und die Kniegelenke nach außen rotiert, was sie als Scharniergelenke nicht leisten können, sodass insbesondere der Innenmeniskus auf Dauer geschädigt wird und eines Tages schon durch einen Bagatellunfall einreißen kann. Dieser Meniskusriss stellt häufig den Beginn einer Kniegelenksarthrose dar.

Die »Europäische Krampfhocke« – die negative Anpassung an die Zivilisation

Die »Europäische Krampfhocke« ist ebenso ein unnatürliches Verhaltensmuster wie das absatzbetonte Vorfußgehen, ausgelöst durch eine chronische Verkürzung der Wadenmuskeln in Verbindung mit der Achillessehne. Das hat Folgen für das Verhalten des Fußes beim Gehen und in der tiefen Hockstellung:

● Beim absatzbetonten Vorfußgehen wird die Wadenmuskulatur in Verbindung mit der Achillessehne chronisch überlastet. Die zahlreichen Funktionsstörungen an den Beugeseiten der Unterschenkel sind der beste Beweis: Wadenkrämpfe, Wadenmuskeleinrisse, Achillessehnenbeschwerden unterschiedlichster Art bis hin zur Ruptur der Sehne. Auch das gleichmüßige Abrollen des Fußes über Ferse und Vorfuß ist eingeschränkt, d. h. Gehen ist eine permanente Vorfußbetonung!

- In der tiefen Bodenhocke kann die Ferse nicht mehr vollständig auf den Boden gebracht werden. Die Fersen sind angehoben, gleichzeitig aber die Kniegelenke nach außen verdreht. Das Kardinalproblem der Europäischen Krampfhocke ist die ständige Fehlbelastung der Kniegelenke in Außenrotation. Das Knie ist aber kein Rotations-, sondern ein reines Scharniergelenke! Meniskusschäden und eine Kniescheibenarthrose (Retropatellar-Arthrose) sind die Folge. Und Scharniere, das wissen Sie aus Ihrer Handwerkspraxis, kann man nur frontal belasten. Wird ein Scharnier auf Rotation beansprucht, geht es kaputt. Die ständige Außenrotation der Kniegelenke zermürbt die Innenmenisken, und nach Jahren kann dann schon eine einfache Drehung zu einem Meniskusriss führen. Gleichzeitig bewirkt die Europäische Hocke eine Überbelastung der Kniescheiben in der inneren Faszette.

Das sind Erfahrungen aus meiner langjährigen Tätigkeit als Beratungsfacharzt für die Berufsgenossenschaften, die ich bei der Erstellung von Zusammenhangsgutachten machen konnte, wenn sich ein Arbeiter allein durch eine einfache Drehbewegung einen Meniskusschaden zufügte: »Kein Arbeitsunfall im Sinne des Gesetzes, sondern ein Gelegenheitsvorgang, zurückzuführen auf die falsche Bodenbelastung der Kniegelenke bei der Arbeit.«

Dieses ständige Fehlverhalten mit den Kniegelenken findet man aber nicht nur auf der Arbeit im Betrieb, sondern auch zu Hause in der Küche, im Garten oder bei anderen Tätigkeiten. Hinzu kommen Sportarten mit gefährlichen Rotationsvorgängen in den Kniegelenken, wenn dabei gleichzeitig der Fuß am Boden mehr oder weniger fixiert ist, wie Fußball, Skiabfahrtslauf, Tennis auf Kunststoffboden. Nicht auf Sand, denn hier kann, wie schon erwähnt, der Fuß seitlich abrutschen und damit die Lageenergie durch die Ausgleichbewegung aufbrauchen, das Knie wird entlastet.

In der Krampfhocke verspannen wir derart, dass wir diese Körperhaltung nur kurzfristig aufrechterhalten können. Dabei balancieren wir auf den Vorfüßen, weil die verkürzten Achillessehnen das Absenken der Fersen auf den Boden nicht mehr zulassen. Jeder Versuch, die Fersen zum Boden abzusenken, endet mit dem Sturz auf den Rücken.

> Die häufige Innenmeniskusverletzung ist vielfach eine Folge der unnatürlichen Krampfhocke mit ihrem hohen Arthrose-Risiko im Kniegelenk.

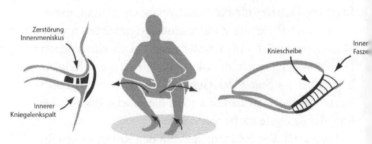

Europäische Hocke und Kniegelenk

Eine perfekte Energiespeicher-Position

Die natürliche Entspannungshocke ist unsere jederzeit verfügbare »Power-Position«. Aus gutem Grund starten Sprinter aus dieser Haltung heraus auf die 100 Meter – ein typischer energiefördernder Gegenschwung, denn durch die Hocke wendet man sich vom Ziel ab. Auch jeder Skispringer beginnt den Sprung in die Tiefe aus dieser Haltung heraus, erst am Schanzentisch lässt er der optimalen gespeicherten Körperenergie durch die Körperstreckung freien Lauf. Übrigens war dieser Tiefstart nicht von Anfang an Allgemeingut. Mit der Neuauflage der Olympischen Spiele 1896 in Athen waren vier Läufer im 100-Meter-Endlauf. Drei von ihnen starteten in der mehr oder weniger ausgeprägten Streckstellung des Körpers, nur einer startete aus der Hocke heraus, damals noch belächelt. Und was meinen Sie, wer diesen Lauf gewonnen hat? Natürlich der Läufer aus der tiefen Hocke heraus, weil er viel explosiver starten konnte. Vor allem die kräftigen Gesäßmuskeln, unsere

100-Meter-Lauf, Athen

Sprintmuskeln, sind in dieser Stellung über die Grundlänge gedehnt, und das mit einem 40-prozentigen Energiegewinn. So entsteht die antriebsfördernde Beschleunigungskraft.

Das ist angewandte Biomechanik, unvorbereitet würde niemand auf die Idee kommen, vor einem schnellen Lauf in die Hocke zu gehen. Reine Zeitverschwendung, aber dieser energiefördernde spezielle Gegenschwung bringt durch den »Katapultstart« so viel Zeitgewinn, dass der Mehraufwand mehr als ausgeglichen wird. Biomechanik funktioniert eben anders, oft ist ein gewisses Aus-der-Reihe-Tanzen angesagt, denn:

- Energie gewinnt der Mensch bevorzugt aus der Gegenbewegung.
- Elastizität und nicht primär die Kraft ist das prägende Energiekonzept der Natur.
- Kraft gewinnt der Mensch aus der Stille.

Die tiefe Entspannungshocke ist, analog zur Saigonhocke, die perfekte Energiespeicher-Position des Körpers, die schnell und leicht variationsreich im Stressalltag praktiziert werden kann. Und das mit komplexer Wirkung:

- Wirkung auf den Rücken durch die Längenerweiterung der Muskulatur in Höhe Lendenwirbelsäule;
- Erweiterung des Spinalkanals, der bei vielen Menschen durch überstandene Bandscheibenschäden eingeengt ist;
- Dehnung der Wadenmuskeln und der Achillessehnen, die durch Absatzschuhe verkürzt sind;
- die Hocke kann praktisch jederzeit als »Hängebrücken-Ritual« an Bett, Bank oder Stuhl durchgeführt werden oder abstützend vor einer Wand.

Entspannungshocke kontra Rückenschmerz

Der chronische Rückenschmerz ist inzwischen zu einer Volkskrankheit geworden, weil der Mensch in seinem einseitigen Anpassungsvorgang nicht mehr natur-richtig mit seinem Rücken umgeht. Die häufigste Komplikation ist der Bandscheibenvorfall, ein druckabhängiges Geschehen. Ich habe es schon erwähnt: Bei langem Sitzen, aber auch im Stehen, ist der unterste Bandscheibenraum L5/S1 einem ständigen Druck von ca. 120 kg ausgesetzt. Verständlich daher, dass an diesem *locus minoris resistentiae* (Ort des geringsten Widerstandes) die meisten Bandscheibenvorfälle auftreten, von denen viele in unserm Land inzwischen betroffen sind. Die anfänglich hochgelobten Operationen haben nicht das gehalten, was man erhofft hatte. Heute ist man zurückhaltender, man operiert nur noch im Ausnahmefall und bevorzugt eher den konservativen Weg der sekundären Prävention. Fakt ist allerdings, dass ein alter Bandscheibenvorfall Folgen hinterlässt. Das vorgelagerte Bandscheibengewebe wird zwar vom Körper organisiert (aufgearbeitet), es hinterlässt aber vielfach die empfindlichen Kompressionssyndrome. Diese Bedrängung des Spinalkanals mit der Nervenwurzel reagiert hochempfindlich, und schon bei kleinen Anlässen (Kälte, eine falsche Drehung, eine zu harte Matratze etc.) kann es zu Rückenschmerzen kommen. Natürlich versucht die Medizin auf operativem Wege den Spinalkanal zu erweitern, ein nicht ganz einfaches Verfahren, dem nicht immer der erwünschte Erfolg beschieden ist.

> Mit der natürlichen, tiefen Entspannungshocke haben Sie ein Instrument in der Hand, den Spinalkanal zu erweitern. Gleichzeitig dehnen Sie die untere Rückenmuskulatur in Höhe Lendenwirbelsäule, die häufig verkürzt und schmerzhaft verspannt ist.

Somit avanciert die Saigonhocke nicht nur zum Mittel der Wahl bei Kniebeschwerden sowie bei Waden und Achillessehnenbeschwerden, die tiefe Entspannungshocke ist auch das Maß aller Dinge bei chronischen Rückenbeschwerden, insbesondere im Zusammenhang mit einem eingeengten Spinalkanal.

Das Vorbild der Naturvölker

Erinnertes Wohlbefinden aus pränataler Zeit

Übrigens ist es höchst bemerkenswert, dass Kleinkinder auch in unserem Land noch völlig unbekümmert mit ihrer »Spielhocke« umgehen und dabei alles richtig machen. Beide Füße stehen in ganzer Länge auf dem Boden, sie sind parallel ausgerichtet, die Kniegelenke sind scharnierartig nach vorne positioniert, und in dieser Haltung werden Rücken und Kniegelenke optimal belastet. Dieses natürliche Verhalten unserer Kleinkinder hat gute Gründe:

- Erstens ist die pränatale Zeit noch in frischer Erinnerung, im Mutterschoß war der Fötus neun Monate in der tiefen Entspannungshaltung. Somit ist diese körperliche Entspannung Teil unseres pränatalen Bewusstseins, das uns aus dieser Lebensepoche mit auf den Weg gegeben wurde.
- Zweitens sind die Kleinkinder in Deutschland noch wenig von der Zivilisation »beleckt«, d.h. die Achillessehnen sind durch das Tragen von Absatzschuhen noch nicht verkürzt, die Fersen sind noch total bodenständig.

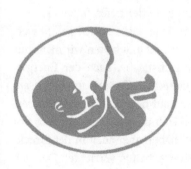

Diese optimale Spielhocke unserer Kleinkinder ist jedoch bis Schulbeginn aufgebraucht, das schaffen die Absatzschuhe durch regen Gebrauch. Praktisch mit Schulbeginn hat der Zivilisationsprozess alle Natürlichkeit »verspielt«, die Saigonhocke ist passé, die »Krampfhocke« gegenwärtig.

Die natürliche Entspannungshocke ist die optimale Konzentration auf die Körpermitte, alle Aufmerksamkeit ist auf das Zentrum des Menschen gerichtet, sodass man sich auch innerlich sammeln kann. Es gibt kein Abschweifen der Gedanken; Einheit und nicht Zerrissenheit bestimmt die Gegenwart. Auf dem Bild gut erkennbar ist die Achtsamkeit des Augenblicks durch die Fokussierung der Aufmerksamkeit auf die greifbaren Spielsachen. So verliert sich das Kind im Spiel, die Zeit bleibt stehen, und kein Gedanke schweift ab. Für diesen Moment sind die Eltern des Kindes in weite Ferne gerückt, das ist Meditation in ihrer natürlichen Einstellung, Vergangenheit und Zukunft verdichten sich ganz auf diesen Moment der Gegenwart.

Der Stuhl als Sitzthron

Die tiefe Kauerstellung und die absolute Körperstreckung sind in ihren Extrempositionen der prägende Ausdruck unserer bipolaren Körperhaltung. In der tiefen Sitzhocke sind wir entspannt, die Energiespeicher können neu gefüllt werden. In der absoluten Körperstreckung bieten wir nicht nur der Welt unsere größte Angriffsfläche, auch der Energieverbrauch ist in dieser gestreckten Leistungspräsenz am größten, wie der 100-Meter-Lauf beweist. Vor Jahrhunderten haben wir in stehender Haltung gekämpft, sind so vor unseren Feinden geflüchtet, haben aber auch in der Streckstellung praktisch die meisten Arbeiten verrichtet. Der sich ständig beschleunigende Zivilisationsprozess hat allerdings

Das Vorbild der Naturvölker   117

zu einer durchgreifenden
Metamorphose in diesen
beiden Eckpunkten un-
seres äußeren Erschei-
nungsbildes geführt.

Der moderne Mensch wird weder in der tiefen Entspannungshocke und nur noch selten in absoluter Körperstreckung wahrgenommen.

Diese extremen, bipolaren Eckwerte unserer äußeren Erscheinung wurden ersetzt durch ein Mittelding, wir ließen
uns zwischen »Baum und Borke« nieder, der Stuhl als Sitzthron auf halbem Wege zwischen absoluter Kauerstellung
und perfekter Körperstreckung war geboren. In dieser Zwit-
terstellung konnten aber weder die Entspannung durch die
tiefe Hocke noch die optimale Leistungsbereitschaft in ge-
strecktem Körper nachvollzogen werden. Eines hatte diese
durchgreifende Veränderung allerdings bewirkt: Durch den
Sitzthron wurde der Mensch vom Lauf- zum Sitzwesen, und
er wurde ein Teil von Maschine, Motor, Instrument und
Computer.

Hinzu kommt, dass der Mensch bis heute nicht gelernt
hat, richtig mit dem Stuhl umzugehen, denn wir sitzen alle
grundsätzlich falsch auf diesem Kunstprodukt. Ein einfaches Experiment kann diese Aussage beweisen: Stellen Sie
einmal einen Stuhl in einen Affenkäfig, also zu Tieren, die
in ihrem Verhalten viele menschliche Züge aufweisen. Der
Ausgang dieses Versuchs ist immer gleich. Kein Affe setzt
sich so auf den Stuhl, wie wir es täglich tun. Er springt vielmehr mit den Füßen auf die Sitzfläche, hockt sich nieder
und macht damit aus Sicht der Biomechanik alles richtig.

In unserem Zivilisationsprozess haben wir durch die einseitige Anpassung die beiden Eckpunkte in unserer körperlichen Erscheinung verlassen und sie gegen die vorherrschende Sitzhaltung auf einem Stuhl eingetauscht, in der
wir weder der einen noch der anderen Extremhaltung richtig gerecht werden können:

- Die natur-richtige, tiefe Entspannungshocke wurde durch die Europäische Krampfhocke ersetzt, in der wir unsicher auf den Vorfüßen balancieren, die Kniegelenke meniskusbelastend nach außen drehen und den Oberkörper durch die verspannte Rückenmuskulatur bretthart aufrichten. Jeder Versuch der Korrektur durch Absenken der Fersen endet mit einem Sturz auf den Rücken, weil der Körperschwerpunkt nach hinten verlagert wird.
- Der zweite Eckpunkt, die absolute Streckhaltung, ist in unserer körperlichen Erscheinung ebenso eine Ausnahme geworden, denn wir treten betont in typischer Sitzhaltung auf einem Stuhl in Erscheinung, sei es im Auto, im Zug, bei der Arbeit und in der der Freizeit vor dem Fernsehgerät.

Damit sind wir die erste Generation in der Menschheitsgeschichte, die ihr aktives Leben eng mit dem statischen Sitzmöbel verbunden hat, prägender Ausdruck unseres naturunrichtigen Verhaltens.

Bei der typischen Sitzhaltung auf dem Stuhl mit 90 Grad gebeugten Kniegelenken handelt es sich um eine Übergangsstellung zwischen der tiefen Entspannungshocke und der extremen Körperstreckung, sodass wir weder der einen noch der anderen Haltung richtig gerecht werden. Das bedeutet für diese Mittelstellung, dass wir in dieser Haltung weder richtig entspannen noch richtig arbeiten können – der entscheidende Grund für die vielen körperlichen Beschwerden bei langem Sitzen, wobei chronische Rückenschmerzen in Verbindung mit dem Spannungskopfschmerz im Vordergrund stehen.

Diese Metamorphose der äußeren Erscheinung des Menschen wurde mit dem Mittelalter eingeleitet. Bis in dieses Zeitalter war die Menschheit vorwiegend auf Sandalen oder

Das Vorbild der Naturvölker

> Der Mensch im Sitzen befindet sich ständig in einer Mittel-
> stellung zwischen der tiefen Entspannungshocke und der
> absoluten, aktiven Körperstreckung, sodass er praktisch
> weder der einen noch der anderen Extremposition gerecht
> werden kann, der entscheidende Grund für den vorherr-
> schenden Sitzstress, ausgedrückt durch Rücken- und
> Spannungskopfschmerzen.

einfachen Latschen schlürfend unterwegs, wie das heute
noch von den Naturvölkern gelebt wird und wie ich es hautnah in Vietnam erleben konnte. Und das durchaus mit großem Gewinn für die Gesundheit:

- kaum Rücken- und Gelenkbeschwerden, wenig Bandscheibenvorfälle;
- keine Wadenkrämpfe, keine Achillessehnenbeschwerden;
- keine Verstopfungen, wenig Magen-Darm-Erkrankun-
  gen;
- wenige Komplikationen bei der Geburt, weil die Kinder
  in der Sitzhocke entbunden wurden und werden, in der
  der Geburtskanal im Vergleich zur Entbindung im Liegen bis zu 30 Prozent vergrößert ist.

Aus welchem Grund wurde die Menschheit plötzlich der
einfachen, flachen Sandale beim Gehen überdrüssig? Ich
glaube, es ist das ewige Streben nach Selbstdarstellung, um
allein durch die positive, körperliche Erscheinung besser
von der Umwelt anerkannt zu werden. Dafür steht der Sonnenkönig Ludwig XIV. in Frankreich, der nicht nur seine
Schuhe mit Perlen behängt, sondern den Absatz, der ihn
auch im alltäglichen Auftreten von seinen Untertanen ab-
hob, leuchtend rot markierte.

Ludwig XIV.

Der Nachahmungseffekt war es dann, der die Unsitte mit dem Absatzschuh schnell im Volk populär machte, unterstützt von der Französischen Revolution, die in der Gesellschaft mit Macht und Terror das Unterste zum Obersten kehrte. Schnell wurde der Absatzschuh auch im Volk populär, ohne dass man jedoch auf die negativen Seiten geachtet

Das Vorbild der Naturvölker

hat, die diese durchgreifende Änderung in unserem Gehverhalten mit sich brachte.

Mit dem Absatzschuh begann zum Ausgang des Mittelalters eine Leidenszeit der Menschheit, deren umfassende negative Folgen erst jetzt erkannt werden. Plötzlich konnte der Mensch nicht mehr in der tiefen Sitzhocke arbeiten, der Stuhl war geboren. Und die technische Entwicklung förderte das Sitzen auf dem Stuhl, weil Motor, Maschine und unterschiedliche Instrumente am besten im Sitzen bedient werden können. Aber zunächst sah man in dieser Negativspirale nur die Vorteile für den Einzelnen, ohne die weitreichenden gesundheitlichen Konsequenzen durch das neue Sitzen auf einem Stuhl zu bedenken.

- Im Absatzschuh sind die Fersen vom Boden abgehoben. Die Wadenmuskeln mit den Achillessehnen büßen an Länge ein, sie verkürzen sich. Wadenkrämpfe und Achillessehnenbeschwerden sind die Folge. Die Sehnenplatte an der Fußsohle schrumpft, es entstehen schmerzhafte Fersensporne und Krallenzehen.

- Dieser Waden-Achillessehnen-Fußsohlen-Stress veränderte die tiefe Entspannungshocke derart, dass die Fersen nicht mehr an den Boden gebracht werden konnten und können. Die Hocke wurde instabil, weil nur noch unsicher auf den Vorfüßen balanciert werden konnte. Aus der tiefen Entspannungshocke entstand die Europäische Krampfhocke, die nur noch kurzfristig und mit großer Mühe im Alltag praktiziert werden kann.

> Mit der Europäischen Krampfhocke war automatisch die bevorzugte Sitzhocke in allen Lebenslagen geboren! Man gab sich »locker vom Hocker«, eine Aussage, die auch für die Toilette galt, wo man sich plötzlich auf einem Porzellanthron wiederfand.

Die Folgen des Keramikthrons

Mit der komfortablen Sitzhaltung auf dem Keramikthron begann das Zeitalter der Verstopfung! Und mit diesem Keramikthron, wie er heute in jedem Haushalt zu finden ist, begann die ganze Misere mit unserer Gesundheit, die erst jetzt von der Medizin in ihrer ganzen Bandbreite voll erkannt wird. Denn mit der hohen Sitztoilette begann das Zeitalter der Verstopfung, weil die allgemeine Magen-Darm-Passage nachhaltig blockiert wird, und verantwortlich hierfür ist unser natur-unrichtiges Verhalten beim täglichen »Stuhl«-Gang:

- Plötzlich sitzen wir zwar bequem auf der Keramiktoilette, aber etwas hat sich im Vergleich zur freien Entspannungshocke geändert.
- Die Hüftgelenke sind ca. 90 Grad gebeugt, und die Oberschenkel haben deutlichen Abstand zur Bauchwand – und das mit gewaltigen Konsequenzen für unsere Gesundheit.
- Und damit fehlt plötzlich der entlastende Druck beider Oberschenkel in der tiefen Entspannungshocke gegen die Bauchwand in Verbindung mit der fehlenden Kompression des rechten Oberschenkels gegen den aufsteigenden Dickdarm (Blinddarmregion) sowie des linken Oberschenkels gegen den absteigenden Dickdarm mit der Sigmaschlinge.

Durch die fehlende Oberschenkelkompression auf der Sitztoilette fällt plötzlich die alles entscheidende Transportförderung des Darminhalts weg, und die Menschheit tritt in das Zeitalter der Verstopfung ein.

Das Vorbild der Naturvölker 123

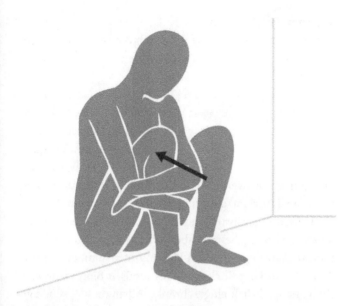

Freie Hocke mit Kompression auf Darm

Wie auf der Autobahn reiht sich auch auf unserer Magen-Darm-Passage ein Stau auf den anderen, weil wir die einfachsten Essregeln nicht mehr erfüllen können oder wollen:

- Wir essen zu hektisch, zu schnell, zu unkontrolliert, kauen und sprechen zur selben Zeit.
- Damit entfällt die natürliche Vorverdauung in der Mundhöhle.
- Wir essen zu kalorienreich und viel zu süß.
- Das ganze Verdauungssystem wird ständig zu Höchstleistungen gezwungen.
- Wir trinken nicht genug stilles, natürliches Wasser.
- Wir bewegen uns nicht ausreichend, obwohl durch Bewegung die Passage gefördert wird.
- Wir sitzen verkehrt auf unserem Porzellanthron und nicht in der natürlichen Sitzhocke.

- Damit entfällt der natürliche Druck auf den Bauchraum, die Darmentleerung erfolgt durch die gefährliche Pressatmung nach dem Valsalva-Manöver.

Kein Wunder, dass ständig Abführmittel von oben genommen werden, die aber die Verstopfung nicht ursächlich beheben.

In dieser Negativspirale wendet sich nun alles gegen den Menschen, denn die biomechanisch günstige Oberschenkelkompression im Schwerkraftfeld der Erde wird durch das gefährliche Drücken aus dem Kopf heraus ersetzt, in der Medizin mit Valsalva-Manöver umschrieben. Dieses innere Valsalva-Pressing bewirkt aber nicht nur einen gefährlichen Blutdruckanstieg, auch das Herzminutenvolumen vermindert sich, und der Rückstrom des venösen Blutes zum Herzen wird gefährlich eingeschränkt. Allein diese Gründe genügen, um in der Sportmedizin beim Muskeltraining die Pressatmung in der Anspannung des Muskels zu verbieten: Beim Hochdrücken mit den Armen im Liegestütz ist also Ausatmung angesagt.

Stattdessen setzen sich die Menschen täglich mehrmals auf dem Keramikthron dem bedenklichen Valsalva-Manöver aus, womit jeder Gang zur Toilette zu einem Gesundheitsrisiko wird.

- Durch das Pressen aus dem Kopf heraus gelangt der Darminhalt in die falsche Richtung, und seitdem gibt es epidemieartig die Appendizitis, die in dieser Form bei Naturvölkern nicht bekannt ist.
- Im Valsalva-Pressing kann sich die Ileocoecal-Klappe öffnen, das Ventil zum Dünndarm. Stuhlanteile gelangen in den Dünndarm und Entzündungen sind die Folge, die Ileitis terminalis, der Morbus Crohn.
- Die innere Druckerhöhung auf den Dickdarm lässt Di-

Das Vorbild der Naturvölker 125

vertikel (Ausstülpungen) entstehen, die sich wie der Blinddarm entzünden können, außerdem können sie leicht bösartig entarten.

- Der Dickdarmkrebs im Grimmdarm *(Coecum)* und im Sigmabereich nimmt zu.
- Hämorrhoiden sind die Folge, ebenso Bauchwandhernien.
- Prostataerkrankungen nehmen zu.
- Durch das Valsalva-Pressing verliert der Beckenboden seinen Halt, die Harnblasensenkung nimmt besonders bei Frauen gewaltige Ausmaße an.
- Der Schamnerv, der *Nervus pudendus*, wird komprimiert und geschädigt, und damit verlieren die Gebärmutterzellen ihr Gedächtnis, sie wandern ab. In der Folge entsteht die Endometriose, an der allein gegenwärtig in den USA und Kanada fünfeinhalb Millionen Mädchen und Frauen leiden.
- Die allgemeine Drucksteigerung durch das Valsalva-Pressing erhöht den Blutdruck, sodass ein Herzinfarkt auf der Toilette keine Seltenheit ist, zu dem der Notarzt ausrücken muss.

Es gibt keinen Vorgang in der Menschheitsgeschichte, der mit einer derartigen Fülle an Erkrankungen erkauft wurde, wie die Umstellung vom Sohlengänger zum absatzbetonten Vorfußgeher. Allein hierdurch verabschiedete der Mensch sich von der hohen Gesundheitswirkung der tiefen Entspannungshocke, die er gegen den hohen Sitzthron auf dem Stuhl eintauschte.

Noch heute hallen mir die Ohren, wenn ich an die lauten Kommandos der Hebammen bei der Geburt eines Kindes denke. »Pressen Sie, pressen Sie …« Den Frauen quollen die Augen aus dem Kopf. Hierbei muss der Kopf des Kindes wie ein Geschoss in den Geburtskanal gepresst werden, und wenn der Widerstand zu groß ist, wird mit brachialer Gewalt nachgeholfen, und das mit Saugglocken und den gefährlichen Zangen.

Alles würde viel reibungsloser vonstattengehen, wenn wir den natur-richtigen Weg einschlagen würden, denn in der Sitzhocke ist der Geburtskanal um 30 Prozent weiter geöffnet, wie bei den Naturvölkern üblich und alles mit großem Gewinn für Mutter und Kind.

Alle Naturvölker kennen diesen besonderen Ausdruck unserer natur-richtigen Körpersprache, meine Vietnamesen an der Spitze. Ich gehe sogar so weit, zu behaupten, dass dieses kleine Volk durch zwei natur-richtige Begabungen in der Lage war, das große und hochtechnisierte Amerika im Vietnamkrieg der Sechziger- und Siebzigerjahre zu besiegen:

- Einmal durch die Saigonhocke, durch die sie in den engen Untergrund ihrer unterirdischen Kanäle und Bunker abtauchen konnten, in die die Amerikaner nicht einmal ihre Kinder hätten zwängen können.

- Zum anderen durch eine extrem gelebte Gelassenheit in Verbindung mit Schmerztoleranz, anerzogen durch die vorherrschende Meditation, die sie in die Lage versetzte, dass auch Kinder Napalmverbrennungen widerstehen konnten, was für mich auf unserem Hospitalschiff in Da-Nang beispiellos war.

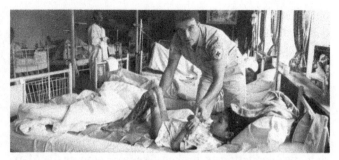

Verbandswechsel als junger Chirurg bei einem Napalmopfer auf der »Helgoland«. Foto: Hilmar Pabel

Vagus-Meditation – unsere natürliche Begabung

Für nahezu alle Naturvölker und auch für alle Religionen ist die Meditation eine entscheidende Kraftquelle, und sie ist seit mehr als 2500 Jahren bekannt. Doch mit dem Aufkommen des Humanismus in Verbindung mit den Naturwissenschaften wurde die Meditation zur Randerscheinung der Gesellschaft, allenfalls noch von Mönchen praktiziert, die im Abseits einsamer Klöster nach Stille suchen. Inzwischen aber erinnert man sich auch in Deutschland wieder dieser alten, natürlichen Kraftquelle, weil die Naturwissenschaften im Allgemeinen, die Medizin im Besonderen bei den neuen psychosomatischen Erkrankungen, speziell dem Depressions-Burn-out-Syndrom, an ihre Grenzen geraten. Moderne Psychologen (z. B. David Servan-Schreiber, Peter Kramer etc.) gehen sogar so weit zu behaupten: »In der Behandlung der Depression ist die Zeit der Psychoanalyse und der Psychopharmaka vor-

Das wichtigste »Medikament« gegen Stress und Burn-out ist die Meditation, und der wichtigste Nerv ist der 10. Hirnnerv, der Vagus, der Vagabund unter den Nerven, weil er sich praktisch im ganzen Körper herumtreibt.

bei.« Ganz allmählich setzt auch bei uns eine Renaissance der Meditation ein. Es geht inzwischen sogar so weit, dass weltweit die Studien über Meditation boomen, weil man erkannt hat:

Neben der tiefen Entspannungshocke ist jedem von uns auch die Meditation mit in die Wiege gelegt worden. Ein fester Bestandteil jeglicher Meditationstechnik ist die Kraft, die aus der Wiederholung kommt. In dieser Hinsicht ähneln sich alle Meditationstechniken: Weltweit sind es die Mantras, die die Menschen in die Tiefenentspannung führen. In Asien ist es das »Om mani padme hum«, das in formelhafter Wiederholung gesprochen oder gesungen wird, im Christentum ist es das »Amen« oder das »Halleluja«, oder das Psalmodieren, das »Kauen von Psalmen«, das besonders in Klöstern von den Mönchen zelebriert wird. Auch Johann Sebastian Bach kannte diese Kraftquelle, wenn er Melodien bis zu 36 Mal zu Beginn eines Konzertes wiederholte, um sein Publikum in gelöste Entspannung, es vom Tagesbewusstsein mit seinen Betawellen in die erste Stufe der Meditation mit Alphawellen im Gehirn zu versetzen. Aber auch Mütter arbeiten zur Beruhigung ihrer Babys mit dieser Wiederholungspraxis. Wiegenlieder weltweit nutzen diese natürliche Technik, um unruhige Kinder in die gelöste Entspannung zu führen. Es ist ein erinnertes Wohlbefinden, denn mit der Wiederholung werden die Babys in die pränatale Zeit zurückversetzt, einen von rhythmischen Taktfolgen geprägten Lebensabschnitt.

Die pränatale Zeit war eine Zeit der Wiederholung von Klangschwingungen, hervorgerufen von der Atmung der Mutter in ihrem 16er-Rhythmus in Verbindung mit dem Herzschlag in einem 65er-Takt.

Die Melodie der Atmung der Mutter und der Rhythmus des Herzschlags bestimmen die »Tonhalle Uterus« in pränataler Zeit und formen entscheidend das pränatale Bewusstsein des Menschen. Diese Klangbilder sind im späteren Leben tonangebend für die Meditation, denn das pränatale Bewusstsein prägt auch die ersten Jahre nach der Geburt. Neben der Wiegetechnik spielt in der frühkindlichen Entwicklung weltweit auch die tiefe Entspannungshocke eine wichtige Rolle.

Spielende Kleinkinder beherrschen auch bei uns die tiefe Hocke und sind in Achtsamkeit konzentriert. Mit anderen Worten: Zu diesem Zeitpunkt gibt es kein Aufmerksamkeitsdefizit-/Hyperaktivitätssyndrom (ADHS), wie es sechs Prozent aller Kinder im Technikzeitalter in späteren Jahren aufweisen. Achtsamkeit ist die konzentrierte Aufmerksamkeit auf ein ganz bestimmtes Geschehen. Bei unserer Zweijährigen geht ihr Mikrokosmos vollständig im Spielen auf.

Entspannungshocke und Meditation sind natürliche Methoden unserer Urbegabung aus pränataler Zeit, für die im Technikzeitalter aber weder Zeit noch Raum vorhanden sind. Es gibt aber Hoffnung zum Besseren, denn die ursprünglichen Anlagen sind aus der Sicht der Präventivmedizin nicht unwiederbringlich verloren. Jeder von uns verfügt über innere Begabungen, und wir werden in diesem Buch versuchen, diese Anlagen für Sie wieder neu zu beleben:

- Die Begabung der meditativen Tiefenentspannung
- Die Anlage zu Ausdauerleistungen
- Die Kraft, die aus der Elastizität kommt, wie die Natur sie kennt
- Die Nachhaltigkeit der Motivation, die durch Freude und Begeisterung entflammt werden kann

Im Technikzeitalter glaubt der Mensch, dass das menschliche Leistungsvermögen analog zur Maschine zwar nicht rund um die Uhr, aber doch während des ganzen Tages auf hohem Niveau gehalten werden kann. Aber wie alle natürlichen Prozesse ist unsere Aufmerksamkeitskurve rhythmisch gestaltet und nicht linear gleichmäßig. In der Nacht zwischen 3 und 4 Uhr erreicht unser Leistungsvermögen seinen ersten Tiefpunkt, um diese Zeit schlafen wir am tiefsten. Vormittags gegen 11 Uhr erreicht unsere »Drehzahl« den ersten Höhepunkt, um danach dem zweiten Wellental entgegenzusteuern, sodass jedem von uns mittags zwischen 13 und 14 Uhr das nächste Tief droht.

Im Stressalltag fehlt es angeblich an Zeit und Raum für die anstehende Entspannung. Der Mensch folgt dem Maschinen-Computer-Takt, man beschränkt sich auf die anstehende Energiezufuhr durch die Mittagsmahlzeit, um danach die Arbeit fortzusetzen.

Dieses Verhalten ist nicht nur unnatürlich im Sinne natürlicher Wachstumsprozesse, es widerspricht auch jeglicher medizinischen Erkenntnis, denn zur Verdauung wird sauerstoffreiches Blut benötigt, das in dieser Situation dem Gehirn entzogen wird, weil die bestehende Gesamtblutmenge nicht ausreicht, um körperliche und geistige Vorgänge gleichzeitig auf hohem Niveau halten zu können. Also erfolgt im Körper eine Umverteilung des Blutes nach der Nahrungsaufnahme, das Gehirn wird in einen Standby-Modus versetzt, es bekommt weniger Sauerstoff zur Energieverbrennung, dafür wird in diesem Zeitabschnitt der Magen-Darm-Bereich bevorzugt, denn die Nahrung muss verdaut werden. Eigentlich weiß das jeder von uns: »Voller Bauch studiert nicht gerne.« Und trotzdem betrügen wir uns täglich zur Mittagszeit, weil wir glauben, auch am Nachmittag da weitermachen zu können, wo wir am Vormittag aufgehört haben.

Das Vorbild der Naturvölker   131

> Der Mensch im Technikzeitalter lebt auch in dieser Bezie-
> hung natur-unrichtig, denn alle Verantwortungsträger in
> unserer Gesellschaft gehen davon aus, dass wir am Tag
> kontinuierlich auf hohem Niveau arbeiten können. Ein Irr-
> tum, wie wir inzwischen alle wissen, das beweist der steile
> Anstieg der psychosomatischen Erkrankungen.

Durch das Diktat der Maschine wurde unser natürlicher
Rhythmus nachhaltig verändert, wir arbeiten und leben in
vielen Bereichen »unmenschlich«, aus natürlichen Verhaltensmuster wurden natur-unrichtige:

1. Die Maschine kennt nicht die natur-richtigen Bewegungen zwischen Richtschwung und Gegenschwung. Unter
   Missachtung des energiefördernden Gegenschwungs
   zwingt dieser Anpassungsvorgang dem Menschen die
   einseitige, zielorientierte Bedienungsfunktion auf, die
   unweigerlich in Leistungsverlust und Krankheit enden
   muss.
2. Die Maschine kennt keine Pause, insbesondere der Computer ist praktisch rund um die Uhr im Einsatz. Das hat
   Folgen für den Nachtschlaf. Inzwischen leiden bereits
   mehr als 50 Prozent der arbeitenden Bevölkerung unter
   Schlafstörungen, wodurch das Burn-out-Syndrom verursacht wird.
3. Die Technik hat dem Menschen auch seine allgemeine
   Bewegung genommen: Aus dem Laufwesen wurde das
   Sitzwesen.

Wenn schon der natürliche Nachtschlaf im Technikzeitalter
infrage gestellt wird, wie soll dann die Siesta am Mittag funktionieren, die im Gegensatz zu südlichen Ländern bei uns

nie recht Fuß fassen konnte. In unseren Arbeitsverträgen ist fast alles geregelt, nur nicht unser natürliches Verhaltensmuster, das sich in einem biologischen Tief mittags zwischen 13 und 14 Uhr widerspiegelt. Würden wir unserem natürlichen Empfinden folgen, käme jedem von uns ein kleines Nickerchen nach dem Essen sehr entgegen. Die Realität sieht allerdings ganz anders aus! Die Mittagspause ist mehr oder weniger ein Gemeinschaftserlebnis mit Kollegen, was ja durchaus zu begrüßen ist, in der aber oft anstrengende Dialoge den Ton angeben, von Energiegewinn durch Entspannung kann in den meisten Fällen nicht gesprochen werden.

> Die Mittagspause in der Online-Gesellschaft ist laut, oft hektisch, ein Gemeinschaftserlebnis mit herausfordernden Dialogen, nur nicht das, was sie sein sollte, eine Zeit der Erholung und der Entspannung.

Das Ergebnis dieser unnatürlichen Dauerpräsenz ist ein steiler Anstieg psychosomatischer Erkrankungen, inzwischen ist das Burn-out-Syndrom speziell in Deutschland sogar zu einer Volkskrankheit entartet. Zudem leben wir in einer Klimazone, in der der Mensch bestrebt ist, sich von der Natur unabhängig zu machen. In südlichen oder gar tropischen Zonen ist mittags die Sonneneinstrahlung so intensiv, dass sich hieraus ganz natürlich die Mittags-Siesta ergibt. Unser System geht jedoch flächendeckend davon aus, dass der Mensch von morgens bis abends in der Lage ist, ein relativ hohes Leistungsniveau aufrechtzuerhalten, ein Irrtum, dem wir alle unterliegen!

In unserem gegenwärtigen System permanenter Hochspannung nehmen die zwangsläufigen Unterbrechungen ständig zu. Die fehlende Pausenkultur am Arbeitsplatz ist ja

Das Vorbild der Naturvölker 133

nur ein Aspekt. Hinzu kommen auch in der Freizeit eine ständige Online-Präsenz über Handy, Laptop, Internet etc. und eine Eventkultur, in der ein Ereignis das andere jagt.

Jedoch gibt es Hoffnung, denn mit der neuen Vagus-Meditation ist der neurophysiologische Weg zur schnell wirksamen Tiefenentspannung gefunden worden. Damit ist das Geheimnis der 2500 Jahre alten Meditation gelüftet, ein uraltes empirisches Wissen, das in allen Kulturstufen und Religionen gepflegt wurde und wird.

Nach wie vor wird unsere Natur von der Bipolarität bestimmt, einem ständigen Wechselspiel zwischen der Anspannung des Tages und der Entspannung in der Nacht. Dieses Wechselspiel bestimmt auch die Bewegung in ihrer rhythmischen Aufteilung zwischen Richt- und Gegenschwung, wie bereits erwähnt. Diese Bipolarität bestimmt auch das vegetative Nervensystem (VN), die Kommandozentrale des Gehirns, die zuständig ist für Leistung, Gesundheit und allgemeine Regeneration. Die ausgehenden Befehle an den Körper steuern zum einen der Stressnerv Sympathikus für die Anspannung, zum anderen sein Gegenspieler, der Parasympathikus oder Vagus, für die Entspannung. Dabei ist der Vagus der wichtigste Entspannungsnerv, da 75 Prozent aller parasympathischen Fasern vom Vagus besetzt sind. Deshalb auch die Bezeichnung Vagus-Meditation.

Die prägende Dysbalance im Stresszeitalter wird bestimmt durch die ständige Präsenz des Sympathikus bei gleichzeitiger Unterversorgung durch den Parasympathikus oder Vagus. Stress, Depressionen, Burn-out werden wir nur dann unter Kontrolle bringen, wenn wir den Vagus gleichwertig dem Leistungsnerven Sympathikus an die Seite stellen, davon bin ich fest überzeugt.

Bisher war die Situation in der westlichen Medizin aber so, dass man nicht wusste, wie man willentlich an den Vagus herankommt, aus diesem Grund wird bis heute das vegetative Nervensystem als autonom, also selbständig eingestuft. Hier setzt die Vagus-Meditation an, die belegen kann, auf welchen Nervenbahnen der anatomische Weg zum Vaguskerngebiet im Hirnstamm festgelegt ist. Hier spricht die Anatomie eine klare Sprache und führt aus, dass es bestimmte Hirnnervenpaare im Gesichts-Halsbereich sind, die uns den Zugang zum Vagus im Hirnstamm ermöglichen: Es sind drei Hirnnerven, die neben den motorischen Fasern auch parasympathische eingelagert haben:

1. Der 3. Hirnnerv, der motorische Augennerv *(Nervus oculomotorius)*, der stimuliert werden kann durch Augenpressur, durch die Nacheinstellung des Auges über Akkommodation über Doppelbilder oder Lichteinflüsse.
2. Der 7. Hirnnerv *(Nervus facialis)*, zuständig für die obere mimische Muskulatur, für das »Lachen mit den Augen«, für Augenbrauen-Kopfhautbewegungen.
3. Der 9. Hirnnerv *(Nervus glossopharyngeus)*, der Zungen-Kehlkopfnerv. Stimuliert durch Zungenstretching und durch diverse Kehlkopfvibrationen wie Schnurren, Summen, Singen, Brummen.

Aus der Zeichnung wird die Vagus-Meditation klar erkenntlich, der Entspannungsimpuls führt über die Bahnen der drei Hirnnerven direkt an ihren Heimathafen im Hirnstamm. Hier liegen die entsprechenden Kerne, die in einem zweiten Schritt die Information an den Vaguskern weiterleiten. Der Vagus, der 10. Hirnnerv, der Alleskönner unter den Nerven, sendet dann das Entspannungssignal an sein Herzgeflecht, an den Lungenplexus und an das weitverzweigte Bauchgeflecht. Auf Grund dieses weiten Verteilungsge-

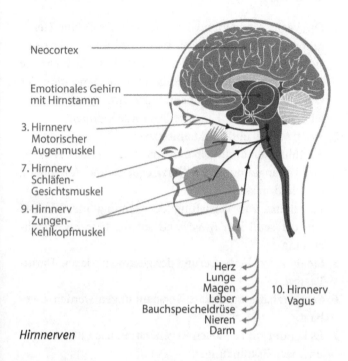

Hirnnerven

flechtes wird der Vagus auch als der Vagabund unter den Nerven bezeichnet, weil er sich im ganzen Körper »umhertreibt«.

> Das ist die neurophysiologische Grundlage der Vagus-Meditation, die damit das alte Geheimnis um die klassische Meditation gelüftet hat. Jetzt ist alles ganz leicht, man braucht nur die drei Hirnnerven motorisch zu aktivieren, und in Sekunden herrscht der Vagus über den Sympathikus, die Stresssituation ist beherrscht, der Körper reagiert umgehend mit wohltuender Tiefenentspannung.

Die Vagus-Meditation ist damit auch für Menschen unter Stressbedingungen leicht in den Alltag einzubinden:

1. Die Vagus-Meditation wird auch von der Online-Generation gut verstanden, weil sie schnell und direkt realisiert werden kann. Damit erfordert sie nicht mehr die Bereitschaft der initialen Stille und Konzentration der klassischen Meditation, denn Stille wird aktuell von vielen Betroffenen als Langeweile wahrgenommen.
2. Sie ist schnell und direkt umsetzbar.
3. Sie führt zur unmittelbaren Entspannung des Herzens mit Verlangsamung der Herzfrequenz und Absenkung des Blutdrucks.
4. Es kommt zur Vertiefung der Atmung mit Wechsel von der seitlichen Brustwand auf die tiefe Zwerchfellatmung.
5. Sie führt zur Verbesserung der gesamten Magen-Darm-Passage.
6. Schmerzhafte muskuläre Verspannungen werden abgebaut.
7. Es kommt zur schnellen Regeneration nach Belastungen und nach Erkrankungen
8. Beruhigung des Geistes mit Reduzierung der Gehirnwellen, schneller Wechsel vom Beta- in den Alphazustand zwischen 7–15 Hertz.

Wann sollte die Vagus-Meditation durchgeführt werden?

1. Als Vagus-Siesta täglich über 15 Minuten an jedem Arbeitsplatz, zu Hause, in der Freizeit und auf Reisen
2. Nachts bei Schlafstörungen
3. Gegen die Ungeduld des Nicht-warten-Könnens, die immer mehr um sich greift
4. Gegen den Sekundenschlaf auf der Autobahn bei Übermüdung

Das Vorbild der Naturvölker 137

5. In der Start- und Landephase im Flugzeug, gegen See-
   krankheit
6. Gegen Lampenfieber und Prüfungsängste
7. Gegen Platzangst in engen Räumen, z. B. der Röntgen-
   röhre
8. Im Erkrankungsfall gegen das lange Warten ambulant
   oder in der Klinik
9. Gegen Schmerzen aller Art
10. Im Sport einmal vor großen Wettbewerben, nach lan-
    gen Belastungen und speziell im Biathlon für eine si-
    chere Hand am Schießstand
11. Im hohen Alter, wenn die Einsamkeit von einem Besitz
    ergreift

Die größte Herausforderung unserer Gesellschaft besteht in
einer neuen Bewertung einer Entspannungskultur gegen
den schnellen Anstieg aller stressbedingten Erkrankungen
im Allgemeinen und gegen Burn-out im Speziellen. Wir
werden diese neuen Volkskrankheiten nur dann unter Kontrolle bringen, wenn im Sinne einer konzentrierten Aktion
alle Entscheidungsträger an einem Strang ziehen, wenn es
uns gelingt, mittags am
Arbeitsplatz die 15 Mi-
nuten Vagus-Siesta Wirk-
lichkeit werden zu lassen.
Das bedeutet für jeden
Einzelnen unter uns einen
Energiegewinn gewaltigen
Ausmaßes, der sich in
Leistungssteigerung und
Gesundheitsförderung di-
rekt ablesen lässt.

*Mittags zwischen 13 und 14 Uhr
15 Minuten Vagus-Meditation und
keine Minute länger, abseits auf
einem Stuhl, steigert die Leistung
für den restlichen Tag um 35 Prozent – und das bei gleichzeitiger
Herz-Kreislauf-Förderung um
38 Prozent!*

Das ist ein derartiger Energiegewinn für die Menschen
im Stresszeitalter, an dem kein Politiker, kein Firmenchef,

kein Gewerkschaftler und kein Mediziner vorbeikommt. Diese Aussage gilt auch für ein Leben nach der Arbeit, denn auch die Senioren unter uns leiden unter Stress in Verbindung mit Schlafstörungen. Grundsätzlich bedeutet das:

1. Das Schlafzimmer ist am Tag für Sie tabu, denn es ist ein Nachtzimmer.
2. Bauen Sie sich ein »schlafendes Zimmer«, in dem nur Möbel zu finden sind, die Sie beruhigen, denn das Gehirn reagiert auf erinnertes Wohlbefinden. Kein Radio, kein TV, nur ein Abspielgerät für meditative Musik, gedeckte Farben, eine Decke, wie ein Sternenhimmel, beruhigende Landschaftsbilder etc.
3. Die tägliche Vagus-Siesta verbringen Sie entspannt auf einem bequemen Stuhl im Sitzen oder im Liegen auf einem Sofa, und sollten Sie am Ende leicht einnicken, so ist das durchaus zu tolerieren.

Grundsätzlich gilt für die Meditation im Allgemeinen und für die Vagus-Meditation im Besonderen: Der beruhigende Alphazustand der Meditation hat nichts mit Schlafen zu tun, er ist der Zustand extrem entspannter Wachsamkeit, aber ohne die hohe Wertung all der Ereignisse um uns herum durch das persönliche Ich. Wir verabschieden uns von der ständigen Bewertung dieser Welt durch unser starkes Ich-Bewusstsein. Wir lassen die Dinge so, wie sie sind. Die Mönche sprechen von einem »stummen Schauen« in der »Wolke des Nicht-Wissens«. Im Stressalltag sind wir stets am Vergleichen und Bewerten, und dabei verlieren wir eine Menge an Energie.

Das Vorbild der Naturvölker

In der Vagus-Meditation lassen wird die Welt, so wie sie ist, mit all ihren negativen und positiven Erscheinungen, vielleicht schaffen wir es, zu staunen über all die Wunder, die die Natur auch heute noch für uns bereithält. Rufen Sie in der Entspannung entsprechende Bildbotschaften ab.

9. Kapitel
Hoffnung durch Selbstorganisation

Zurück zu den Wurzeln

Jede Pflanze handelt nach der Maxime der Selbstorganisation natürlicher Prozesse. Existenzprobleme werfen sie aus dem Gleichgewicht, sobald der aufs Sonnenlicht ausgerichtete Energietransfer nicht auf optimalen Bahnen verläuft. Dieses Überlebenskonzept der Selbstorganisation natürlicher Vorgänge ist dann extrem wirksam, wenn Pflanzen um ihre Existenz kämpfen müssen. Das geschieht nicht in unnatürlichen Treibhäusern, sondern in großen Höhen gegen Wind, Regen, Schnee und Eis. Den Namen »Insel der Schönheit« hat sich Korsika speziell wegen dieser Extrembedingungen verdient, denn hier findet man die natürlichen Voraussetzungen für grenzenloses Wachstum. Auf den rauen Höhen von 1800 Metern schalten die Bäume bevorzugt auf das Energiekonzept der logarithmischen Spirale, selten konnte ich eine derartige Fülle spiralförmig geformter Äste beobachten. Korkenzieher neben Korkenzieher – auf diesem Weg der Bipolarität wählt jede Pflanze den richtigen Weg, um für sich unter diesen extremen Bedingungen an ihr Optimum an Sonnenenergie zu gelangen

Ähnliches kann man in den Alpen erwarten. Hier sind es die Arven in der Schweiz, im Engadin in 1800 Metern Höhe, die bis hinein in die heimeligen Wirtsstuben ihren betörenden Duft entfalten. Im Süden Tirols (Österreich) ist es die Zirbelkiefer mit ihrem natürlichen Reichtum an Harz. In Graubünden (Schweiz) kennt man in diesem Zusammen-

hang sogenannte Magerwiesen, die von der westlichen Un-
kultur der Überdüngung verschont bleiben und somit auch
heute noch ihren ganz natürlichen Charme entfalten können. In diesen Magerwiesen gedeihen nicht nur die üblichen Wiesenblumen prächtig, hier findet man noch wilde
Orchideen, Lilien, Trollblumen und andere seltene Arten.

Sobald der Mensch wieder in Verbindung zu seinem natürlichen Umfeld tritt, kann er zurückkehren zu seinen
Wurzeln. Dieses Zurück zur Ursprünglichkeit ist allerdings
im Stressalltag der Online-Gesellschaft vielfach mit großen
Hindernissen verbunden. Einmal durch die hohe Dichte
zentral zu verarbeitender Sinnesreize, zum anderen durch
die fehlende Muße des Innehaltens, weil natürliche Stille in
Verbindung mit Achtsamkeit von vielen Betroffenen kaum
noch ertragen wird und man die Muße des Verweilens vielfach als Langeweile wahrnimmt. Diejenigen unter uns, die

Ruhe, Stille und meditative Entspannung, wie die Natur sie für uns bereithält.

noch in enger Verbindung zur Natur leben, wie Bauern,
Förster, Fischer oder Bergsteiger, vielleicht auch viele Aus-
steiger auf ihrer Suche nach den alten Riten der Naturvölker, sie alle sind unterwegs zu ihren natürlichen Wurzeln,
eine Rückkehr zu unserer Ursprünglichkeit:

- Der Bauer auf dem Heimweg am Rande eines Kornfeldes
  erlebt hautnah meditative Eindrücke, wenn der Wind die
  Kornhalme in wogende Schwingungen versetzt.
- Ebenso der Förster am Waldrand, wenn er mit seiner Atmung eins wird mit dem Rauschen der Blätter im Wind.
- Der Fischer im Zwielicht der frühen Morgendämmerung, wenn er sich mit seinen Gedanken über das Wechselspiel der Angel in ihrem Auf und Ab auf dem Wasser-
  spiegel in Achtsamkeitsmeditation verliert.

Hoffnung durch Selbstorganisation

- Oder nehmen wir die Situation auf einem Segler während einer Flaute, wenn das Schiff sich leicht in der Dünung wiegt.
- Unvergesslich bleiben auch für einen Bergsteiger einmalige Gipfelerlebnisse, wenn die Aufmerksamkeit von dem faszinierenden Panorama der begrenzenden Bergkette in den Bann gezogen wird, wie ich es in einer Dreierseilschaft beim Aufstieg zum Fletschhorn (Wallis) erleben konnte.

> Dieses natürliche Szenario ist dem Menschen im Stresszeitalter verloren gegangen. In früheren Jahren waren es die Rahmenbedingungen, die die Menschen mit ihrer Arbeit in Wald, Feld und Wiese verbinden konnten. Wie schlecht sind dagegen viele Betroffene im Stressalltag dran, wenn sie auf dem Heimweg nach der Arbeit oft über Stunden in der Rushhour am Lenkrad zubringen müssen und im Extremfall gleichzeitig ihr Abendbrot durch einen Hamburger ersetzen.

Eines soll an dieser Stelle aber auch gesagt werden: Seien wir dankbar für viele Errungenschaften im Zivilisationsprozess, dankbar dafür, dass es eine leistungsstarke Medizin gibt, die uns jederzeit im Augenblick der Gefahr zur Seite steht, Tag und Nacht, im Inland und im Ausland. Jedoch hat sich dieser unterstützende Rückenwind gedreht, er weht uns direkt ins Gesicht. Die neuen stressbedingten Erkrankungen sind zu einer existenziellen Bedrohung geworden, und die psychosomatischen Störungen explodieren in einem Maße, das ein völlig neues Denken und Handeln erfordert. In vielen Situationen helfen Medikamente nicht mehr weiter, multiresistente Keime breiten sich in den Kliniken aus, wo auch Antibiotika versagen, weil der Mensch in der Vergangenheit zu leichtfertig mit dem Penicillin umgegangen ist. Der steile Anstieg der psychosomatischen Erkrankungen kann mit Psychopharmaka wie Beruhigungs- oder Schlafmittel nicht mehr unter Kontrolle gebracht werden. Viele Negativinformationen durch behandelnde Ärzte nach der Interpretation von Röntgenaufnahmen oder auffälligen Laborwerten verunsichern Menschen, sie machen mutlos, sie erzeugen Ängste, sodass die Betroffenen sich kaum noch etwas zutrauen. Die Arthrose will bewegt werden, aber richtig! So gesehen kann die neue Präventivmedizin den Menschen Hilfe zur Selbsthilfe vermitteln, ganz im Sinne der Selbstorganisation natürlicher Prozesse. Und plötzlich fassen die Betroffenen wieder neuen Mut!

> Die natürliche Selbstorganisation ist die Hilfe zur Selbsthilfe, damit wir auch im Alter uns unserer persönlichen Freiheit erfreuen können, um nicht von anderen Menschen abhängig zu werden!

Das Ganze ist mehr als die Summe seiner Teile

Die persönliche Selbstorganisation ist aber nur möglich, wenn der Energietransport für ein natürliches Wachstum im maximalen Bereich gehalten wird. Das ist mit der pfeilschnellen Dynamik, wie sie im Stressalltag vorherrscht, nicht zu bewerkstelligen, weil permanent Energie verschleudert wird. Das belegen allein schon die Erfahrungen der Weltraumtechnik: Beim Eintauchen in die Atmosphäre schaltet die Rakete auf die Spiralbahn, würde sie auf direktem, linearen Wege zur Erde zurückkehren, würde sie im

Hoffnung durch Selbstorganisation 145

hohen Widerstand der Reibung verglühen. Naturrichtige Bewegungen dagegen funktionieren widerstandslos, implosiv sowie druck- und wärmefrei, nur so kommt die Rakete unbeschadet zur Erde zurück!

Lassen Sie mich Ihnen den optimalen Energietransfer in Bildern erklären:

- Das Gauß'sche Energieverteilungsmuster steht für Chaos, für das Tohuwabohu einer Pause im Kindergarten ohne Kontrolle. Ein allgemeines Durcheinander kennzeichnet die Bewegung der Kinder, jedes dreht und wendet sich auf seine Art, es fehlt jede Ordnung! Der Energiegewinn ist gering: $1 + 1 = 2$.

- Im Delta-Verteilungsmuster gilt das Prinzip der absoluten Ordnung! Alle Vorgänge sind auf ein Ziel ausgerichtet, jede individuelle Bewegungsfreiheit ist von vornherein ausgeschlossen. Die Kompanie Soldaten tritt uniform und im Gleichschritt auf, sie handelt wie eine Person. Der Energiegewinn ist gleich null, $1 + 1 = 1$.

- Das logarithmische Energieverteilungsmuster im Sinne der rhythmischen Spiralkinetik repräsentiert ein Tanzpaar. Sie tanzen separat und gemeinsam zugleich, jeder Tänzer behält einen individuellen Spielraum, passt sich in seiner Kreativität dem Gesamtausdruck aber an. Eine dritte, imaginäre Person (der sterbende Schwan) ist die Folge dieser Komposition durch Wachstum. Das ist der natürliche Energiegewinn analog zur logarithmischen Spirale, aus $1 + 1$ wird 3!

Mit dem letzten Bild wird die Aussage »In natürlichen Prozessen ist das Ganze mehr als die Summe seiner Teile« vollauf bestätigt. Die imaginäre dritte Erscheinung steht für den Wachstumsschub in der Natur analog zur logarithmischen Spirale, wobei der exponentielle (explosionsartige) Anstieg durch die Fibonacci-Reihe ausgedrückt wird. Die Fibonacci-Zahl konvergiert auch gegen den Goldenen Schnitt, der optimalen Aufteilung der Proportionen, wie die Natur sie kennt, denn natürliches Wachstum ist einfach schön!

Hoffnung durch Selbstorganisation 147

Ich sagte es bereits: Der gerade Pfeil als Ausdruck dynamischer, linearer Prozesse steht für die schnelle Entwicklung in der stressbetonten Online-Gesellschaft. Die in Gegensätzen ausgerichtete logarithmische Spirale drückt den gewaltigen, natürlichen Wachstumsschub in Verbindung mit Bewegung aus, dargestellt durch die Bipolarität zwischen Richt- und Gegenschwung oder, nach Schauberger, zwischen den natürlichen Zug- und Druckkräften. Dieses natürliche Energieverteilungskonzept ist die Basis unserer geistig-körperlichen Vervollkommnung in Verbindung mit Leistung und Gesundheit.

Stress im Allgemeinen und die stressbedingten Erkrankungen im Besonderen sind grundsätzlich Ausdruck einer latenten Energiekrise in lebenden Organismen, ausgelöst durch die Auflösung bipolarer Kräfte zwischen Gegenschwung und Richtschwung. Erst der zielabgewandte Gegenschwung schafft die Voraussetzung für die Erzeugung von Zugkräften, die dann in einem zweiten Schritt Druckkräfte folgen lassen, um den Speer in ein weites Zielgebiet tragen zu können. Diese natürliche Bewegungsfolge findet an modernen Arbeitsplätzen nicht mehr statt, denn in der einseitigen Monotonie wurde der energiefördernde Gegenschwung mit seinen Zugkräften vernichtet. Die hierdurch eingeleitete Energiekrise ist der Beginn stressbedingter Erkrankungen. Kein Stürmer der Bundesliga könnte in diesem harten Wettbewerb ohne Gegenschwung beim Torschuss erfolgreich sein, denn die Ballgeschwindigkeit und damit der Erfolg sind direkt vom Gegenschwung im rechten Hüftgelenk abhängig.

> Jede Bewegung ohne Gegenschwung landet in der Energiekrise, die 40 Prozent Kraftverlust mit sich führt. Hier liegt der wahre Grund für den Anstieg stressbedingter Erkrankungen an allen Arbeitsplätzen.

Wie sieht aktuell die Situation in Deutschland aus? Wie lautet die grundsätzliche Einstellung der Menschen und ihrer führenden Politiker zur Gesundheitsförderung gegen die stressbedingten Erkrankungen? Aus meiner Sicht befinden wir uns hier immer noch im Stadium eines Entwicklungslandes, in dem sich die Medizin allein die symptomatische Behandlung manifester Erkrankungen auf ihre Fahnen geschrieben hat, und das in enger Kooperation mit der pharmazeutischen Industrie. Im gleichen Zuge wurden die Krankenhäuser privatisiert und der Maxime der Gewinnorientierung unterstellt. Chefärzte an der Spitze der Kliniken wurden durch Manager aus der Wirtschaft ersetzt, die alles tun, damit der »Betrieb« in den »schwarzen Zahlen« bleibt, Operationen sind in dieser neuen Werteskala nicht nur eine gute Tat am Menschen, sondern ein nicht zu unterschätzender Wirtschaftsfaktor.

10. Kapitel
Nachhaltige Gesundheitsförderung durch Rituale

Signalkraft der Rituale

Gesundheitsförderung ist Ausdruck einer persönlichen Freiheit, sie hilft uns, bis ins hohe Alter ein Leben in Unabhängigkeit führen zu können. Das bedeutet Eigenverantwortung, und an dieser Eigenverantwortung für das persönliche Wohlergehen kommt niemand vorbei. Jedoch gilt häufig: Der Geist ist willig, aber das Fleisch ist schwach. Gute Vorsätze prallen oft an den dicken Mauern bequemer Komfortzonen ab. Allein unser Verstand mit all seinem Wissen und Wollen ist ein schlechter Lenker unserer guten Vorsätze, zumal das Gehirn Befehle nicht versteht. Überaus positiv reagiert es auf Glücksgefühle, die durch Freude und Begeisterung im emotionalen Gehirn ausgelöst werden, ganz nach dem Motto: »Alles, was gut tut, tut gut.«

> *Unser Gehirn versteht keine Befehle, jeder Gesundheitsappell ist hirntechnischer Unsinn. Die Sprache unseres emotionalen Gehirns ist Freude und Begeisterung.*

Grundsätzlich bindet jede konzentrierte Tätigkeit unsere Aufmerksamkeit. Die Rede ist vom Flow-Effekt, ein Begriff, den der amerikanische Psychologe Mihály Csíkszentmihályi geprägt hat, erfahrbar bei jeder aufmerksam verfolgten Arbeit. Im Flow vergeht die Zeit wie im Fluge, man ist ganz von seiner körperlichen Befindlichkeit abgelenkt. Der Rücken mit seinem ständigen Belastungsstress tritt erst ins Bewusstsein, wenn die Schmerzen unerträglich werden, und dann ist es meist schon zu spät. Aus dieser Negativspirale kommt man nur mit der Signalkraft der Rituale heraus.

Rituale im grauen Stressalltag

Rituale sind Handlungen, die aus dem täglichen Allerlei herausragen und einem größeren Ziel dienen, sogenannte »heilige Handlungen«, wie sie in allen Religionen anzutreffen sind. Auch C. G. Jung hat sich mit den Ritualen beschäftigt und den hohen Stellenwert erkannt, den diese Zeremonien für unsere Lebensgestaltung bewirken können. Sein Resümee: »Der Mensch braucht etwas, das größer ist als er selbst, zu dem er aufschauen kann. Er braucht die Leuchtkraft der Rituale, denn sonst ist alles nur noch banal, alles dreht sich um Arbeit, Freizeit und Vergnügen!«

Auch Bildbotschaften haben einen hohen Memory-Effekt, und in der Schule halfen uns oft sogenannte Eselsbrücken auf die Sprünge. Wer kennt nicht aus seiner Schulzeit noch alle Nebenflüsse der Donau allein durch den Spruch: »Lech, Iller, Isar, Inn fließen rechts zur Donau hin, Altmühl, Naab und Regen fließen links dagegen.« So lauten die unterschiedlichen Erinnerungssignale für den Gedächtnisspeicher, um die Gedächtnisleistung zu verbessern. Im grauen Stressalltag sind es die Rituale, die ähnlich funktionieren, sie erzeugen die notwendige Aufmerksamkeit auf ein Geschehen, das sich im Alltag in der Unschärfe der Vergessenheit verliert. Auf diese Leuchtzeichen ist der Mensch in der Prävention angewiesen, besonders in unserer Online-Gesellschaft, in der das Gehirn mit einer Flut von Informationen torpediert wird, sodass im Gedächtnisspeicher die Freiräume fehlen, in denen unsere Erinnerungen schlummern.

Rituale sind aber nicht nur in ihrer Aussagekraft präg-
nant, sie sind auch punktuell, also zeitlich eng begrenzt, und
daher schnell umsetzbar. Sie wirken wie ein Blitz aus heiterem Himmel. Was nötig ist, denn Arbeitsplätze sind nun einmal keine Turnhallen, in
denen man sich nach Lust
und Laune bewegen kann.
Prävention im Stressalltag
muss schnell, einfach und
leicht erlernbar sein, sonst
bleibt sie auf der Strecke.

Alle Rituale bestechen
durch ihre kurzen Wege
bei ständiger Verfügbar-
keit, denn wir nutzen zur
Gesundheitsförderung

*Die gesundheitsfördernden Rituale
in diesem Buch sind kurze Episoden der Entspannung, einmal das
Gegenschwung-Stretching über
sieben Sekunden, zum anderen die
15-minütige Vagus-Siesta am
Mittag zur Tiefenentspannung,
abgerundet durch 30 Minuten
Tanzjogging am Abend als
Bewegungsausgleich!*

die unmittelbaren räumlichen Verhältnisse (Verhältnisprä-
vention). Dieses sogenannte »Training im Vorübergehen«
kommt Ihren persönlichen Interessen entgegen, und so gestalten wir Bett, Stuhl, Wand, Auto zu Ihrem ganz persönlichen Fitnessstudio. Sinnvolle Gesundheitsförderung ist
immer auch eine Frage der Machbarkeit in einer Zeit ohne
Zeit. Müde nach der Arbeit schaffen nur noch wenige den
Sprung ins ferne Fitnessstudio oder auf die dunkle, nass-
kalte Laufstrecke. Pragmatische Prävention durch Rituale
führt Sie unmittelbar aus dem Stressalltag heraus.

- Rituale sind Leuchtsignale im grauen Stressalltag, die
  man nicht übersehen kann.
- Rituale sind schnell, auf kurzen Wegen machbar.
- Rituale haben einen hohen Erinnerungswert.
- Rituale dienen dem Höheren in Ihrem Leben, in diesem
  Falle der Gesundheit.
- Rituale sind immer ein spezielles Aus-der-Reihe-Tanzen.

- Rituale entspannen und bringen Freude.
- Rituale nutzen Musik, wo immer es möglich ist.
- Rituale entstehen leicht in Verbindung mit Alltagsvorgängen in ständiger Wiederholung.
- Rituale wirken ansteckend auf andere Menschen.

Rituale nach der Hebb'schen Lernregel

Rituale gewinnen an Leuchtkraft durch die Hebb'sche Lernregel (Donald Olding Hebb, kanadischer Neurowissenschaftler), die besagt, dass durch die Verknüpfung einer Handlung mit einer anderen im Gehirn neuronale Netzwerke entstehen, und zwar durch die unterschiedlichen Informationsmuster in ebenfalls unterschiedlichen Gehirnregionen. Durch die Gleichzeitigkeit entsteht in den beiden Gehirnzentren eine gemeinsame Beziehungsebene, ausgedrückt als neuronales Netzwerk, auf der Informationen ausgetauscht werden können. Sobald der eine Vorgang die Neuronen der entsprechenden Region aktiviert, folgt simultan eine neuronale Ansprache an das andere Zentrum, das mit in das neuronale Netzwerk eingebunden ist. Dieses Netzwerk zwischen den unterschiedlichen Nervenzellen ist nach ca. sechs Wochen geknüpft, wenn in dieser Zeit regelmäßig die unterschiedlichen Aktionsmuster geschaltet wurden.

Rituale entstehen nach der Hebb'schen Lernregel, wenn zwei Vorgänge des täglichen Lebens in ständiger Wiederholung praktiziert werden. Nach sechs Wochen bewirken neuronale Netzwerke, dass man dann das eine ohne das andere nicht mehr lassen kann!

Von klein auf vollziehe ich das Zähneputzen-Gute-Nacht-Ritual, sodass ich, auch wenn es noch so spät ist, nicht ohne diese Zeremonie ins Bett komme. Möglicherweise wird es Ihnen nicht anders gehen. Oder nehmen Sie die Angewohnheit, vor dem Einschlafen noch einige Zeilen in einem Buch zu lesen. Inzwischen empfinde ich das Ins-Bett-Gehen als eine Bestrafung, wenn aus irgendeinem Grund das Lese-Ritual nicht stattfinden kann. Viele liebgewordene Gewohnheiten funktionieren nach der Hebb'schen Lernregel, sie können sogar bis zu Zwangshaltungen gesteigert werden, wenn man nicht mehr an diesem Netzwerk im Gehirn vorbeikommt.

11. Kapitel

Rituale – entspannt durch den Stressalltag

Lassen Sie sich jetzt von mir an die Hand nehmen, um trotz all unserer Hektik kurze Momente der Entspannung und des Ausgleichs zu finden, um notwendige Kraft tanken zu können, damit unser Bewegungsmotor allen Anforderungen gewachsen ist. Mit der dramatische Entgleisung stressbedingter Erkrankung zu typischen Volkskrankheiten darf es so nicht weitergehen, vor allem, wenn man die besorgniserregenden Steigerungen psychosomatischer Erkrankungen in Betracht zieht. Ich bin fest von der Veränderungskraft der Rituale überzeugt, denn nur sie sind in der Lage, unnatürliche Verhaltensmuster in natur-richtige zu verändern.

Ich bin fest überzeugt vom Veränderungspotenzial der Rituale, nur sie können aus den vorherrschenden unnatürlichen Verhaltensmuster wieder natürliche schaffen, und nur so kann unsere Gesellschaft gesunden.
Vertrauen wir uns ganz der Kraft der Rituale an, um aus natur-unrichtigen wieder natur-richtige Bewegungen zu formen, und das alles für unsere Gesundheit!

Guten-Morgen-Ritual

Bereits mit Tagesbeginn beginnt noch im Bett das *Guten-Morgen-Ritual*, um die Wirbelsäule von der waagerechten Ruhestellung in die aktive Senkrechthaltung zu führen. Dieser Startimpuls wird umso wichtiger, je stärker sich im Laufe des Lebens degenerative Veränderung darstellen, die sich zunehmend als Initialschmerz vor einer erneuten Bewegung bemerkbar machen.

Diese spezielle Startgymnastik kommt primär aus der Vorstellungskraft unserer Gedanken im Sinne des erinnerten Wohlbefindens. Wir beziehen dieses Trainingsprogramm auf Begebenheiten aus der Vergangenheit, die vorwiegend mit positiven Erinnerungen verbunden sind (die Entfesselungsübung einmal ausgenommen). Durch die Kraft der Bilder wird jedes mühevolle Krafttraining vermieden, das vornehmlich über unseren Willen gesteuert wird. Im Vordergrund stehen drei Bildbotschaften, die den Startimpuls aus dem Kopf an große Muskelgruppen leiten, die praktisch automatisch in Aktion versetzt werden:

Schaukelübung
- Aus Ihrer Vorstellungskraft versetzen Sie sich auf die Schaukel Ihrer Kindheit, die in einem positiven Umfeld hin- und herpendelt. Dem Schwung nach vorn über wenige Sekunden folgen die Rücken-, Becken- und Beinmuskeln mit maximaler Anspannung (Isometrie), im Rückschwung fallen Sie leicht in sich zusammen, alle Muskeln erschlaffen. Sieben Wiederholungen ergeben ein Set, drei bis fünf Sets sind ratsam. Danach folgt das spezielle Stretching der unteren Rückenmuskulatur. Zu dieser Entspannung ziehen Sie über sieben Sekunden die Kniegelenke mit den Unterarmen extrem an die Bauchwand heran, Sie halten die Dehnung sieben Sekunden.

Rituale – entspannt durch den Stressalltag

Bei diesem Kraft- und Entspannungstraining des Rückens steigern Sie dessen komplexe Leistungsbereitschaft und erweitern durch die Hocke im Liegen gleichzeitig einen eingeengten Spinalkanal.

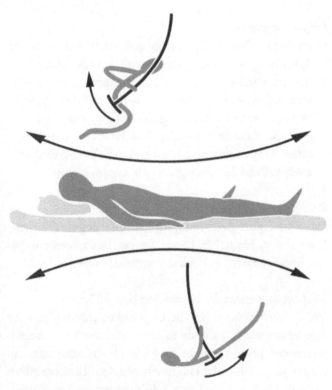

Schaukel und Hocke im Liegen

Sprungbrettübung
- Jetzt stellen Sie sich vor, Sie stehen im Schwimmbad auf einem Sprungbrett. Zur maximalen Anspannung der Rücken-, Becken- und Oberschenkelmuskeln springen Sie nach oben in die Streckhaltung, bei der anschließenden Landung fallen Sie zur Entspannung leicht in sich zu-

sammen. Sieben Wiederholungen, drei oder fünf Sets. Danach folgt nach jedem Set über sieben Sekunden, wie oben beschrieben, die tiefe Entspannungshocke im Liegen.

Entfesselungsübung
- Im dritten Bild erscheinen Sie gefesselt, dabei liegen die Arme mit gestreckten Fingern seitlich an den Außenseiten der Oberschenkel. Mit Maximalkraft sprengen Sie jetzt die Fesseln, die Rücken-, Bein- und Armmuskeln maximal angespannt, bei gleichzeitiger intensiver Finger- und Zehenstreckung. Sieben Wiederholungen zwischen Anspannung und Entspannung. Drei bis fünf Sets, anschließend die Entspannungshocke im Liegen.

Prävention statt Operation
Das Ritual führt gleichzeitig zur Verbesserung von Rückenkraft und zu Elastizität. Es wirkt gegen Bandscheibenschäden und degenerative Veränderungen der Wirbelgelenke.

Rückentraining aus der Vorstellungskraft im Sitzen
Im Übrigen können Sie dieses perfekte Training aus der Vorstellungskraft auch als Rückenrodeo auch bei langem Sitzen durchführen, sei es als Beifahrer im Auto oder auf langen Zug-, Bus- oder Flugreisen. Mit den Schulterblättern drücken Sie gegen die Lehne und spannen Rücken, Gesäßmuskeln und Beckenboden an, dabei bewegt sich die Lendenwirbelsäule leicht nach vorn. Jede kurze Anspannung wird von der folgenden Entspannung abgelöst. Das anfängliche Ein-Minuten-Training können Sie bald auch über längere Zeiträume. Die tiefe Entspannungshocke im Liegen ersetzen Sie auf dem Sitz durch die halbe Hocke. Mit den Unterarmen ziehen Sie das rechte Knie maximal an die Brustwand heran und versuchen gleichzeitig, das Kinn auf

dem Kniegelenk abzustützen, sieben Sekunden halten, Wiederholung der Gegenseite.

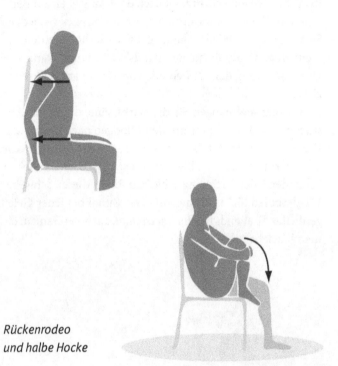

Rückenrodeo und halbe Hocke

> Ein häufiger Einwurf lautet: Wie reagiert mein Umfeld? Es reagiert kaum auf dieses Aus-der-Reihe-Tanzen, denn inzwischen ist jeder derart durch Laptop oder Smartphone belegt, dass das direkte Umfeld gar nicht mehr wahrgenommen wird. Das gibt Ihnen die notwendige Narrenfreiheit für Ihre Rituale, gelegentlich entsteht sogar ein interessantes Gespräch.

Hängebrücken-Ritual

In einem zweiten Schritt folgt nach dem Aufstehen am Bettrand das *Hängebrücken-Ritual*, tagsüber kann es vor jedem Stuhl, Sessel oder jeder Bank leicht wiederholt werden. Es dient dem Druckabbau der Bandscheiben und kann die Druckbelastung der Wirbelsäule von 120 kg auf null reduzieren.

Am Bettrand hängen Sie die Wirbelsäule durch das Abstützen des Oberkörpers mit den Ellbogen nach hinten auf. Die Füße stehen parallel am Boden, das Becken schwebt kurz darüber, die Handflächen weisen nach oben. Sieben Sekunden oder auch länger bleiben Sie in dieser Schwebe. Wiederholen Sie das Hängebrücken-Ritual bei jeder Gelegenheit, z. B. abends bei der *Tagesschau*, auf jeder Bank in einem Wartebereich.

Hängebrücke am Bettrand

Bei akuten Rückenbeschwerden wird diese Entlastung von vielen über das Aushängen des gestreckten Körpers z. B. an einer Teppichstange praktiziert. Diese Eigenhilfe bringt aber keine Entlastung für den Rücken, weil Sie am Hüftlendenmuskel (*Musculus iliopsoas*) hängen und die Zugwirkung nicht die Bandscheibenräume erreicht.

> *Das wirklich entlastende Aushängen der unteren Bandscheibenräume geschieht immer aus der Hockstellung heraus, entweder als Hängebrücken-Ritual oder in Hockstellung vor einer Sprossenwand.*

Das Hängebrücken-Ritual im Liegen als erste Nothilfe bei akuten Rückenschmerzen

Das Hängebrücken-Ritual kann auch im Liegen durchgeführt werden, z. B. bei akuten Rückenbeschwerden durch die sogenannte Stufenlagerung im Bett. Dabei legen Sie beide Unterschenkel auf die Sitzfläche eines Stuhles, der im Bett steht, sodass die Hüftgelenke 90 Grad gebeugt sind. Durch diese Winkelstellung sind wiederum die Hüftlendenmuskeln tief im Becken entspannt, sodass allein hierdurch der Bandscheibendruck in Höhe der Lendenwirbelsäule vermindert wird. Bleiben Sie im akuten Schmerzfall mindestens 30 Minuten in dieser Stufenlagerung. Eine ergänzende Wärmflasche in Höhe der verspannten Rückenmuskulatur trägt ferner dazu bei, dass diese Schmerzsituation auch ohne ärztliche Hilfe überstanden werden kann.

Stufenlagerung

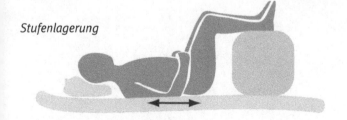

Abgekürzt können Sie das Hängebrücken-Ritual auch auf dem Stuhl praktizieren. Hinter dem Rücken falten Sie die Hände und legen sie auf die Stuhllehne, danach richten Sie zur Intensivierung der Schulterdehnung den Oberkörper auf.

Hängebrücke auf dem Stuhl

Prävention statt Operation
Durch die maximale Druckentlastung der unteren Wirbelsäule können Bandscheibenschäden vermieden werden. Erste Hilfe bei akuten Rückenbeschwerden.

Kreuzhang-Ritual

Bereits beim Verlassen des Schlafzimmers praktizieren wir im Türrahmen des Badezimmers das *Kreuzhang-Ritual*. Wir stehen in Schrittbreite mit dem Rücken vor dem Türrahmen. Beide gestreckten Arme werden von unten nach hinten oben geführt, sodass die Handflächen im Türrahmen zu liegen kommen, die Daumen weisen nach oben. Die Hände liegen in Schulterhöhe im Rahmen und in einem ersten Schritt intensivieren Sie die Dehnung der beugeseitigen Schultermuskeln durch eine leichte Kniebeuge.

Das ist die erste Stufe bei diesem Stretching, sie ist besonders für Männer mit ihrem kräftigen Bizeps eine Herausforderung. Der Dehnungspunkt liegt in den beugeseitigen Schultermuskeln und in den Fingerbeugern, wenn die Finger im Türrahmen intensiv gespreizt und gestreckt werden.

In einem zweiten Schritt rutschen wir langsam in die tiefe Hocke, dabei werden die abstützenden Hände mit nach unten geführt. In der tiefen Hocke im Türrahmen stehen die Füße parallel am Boden, die Kniegelenke sind scharnierartig nach vorne ausgerichtet. In dieser zweiten Stufe kommt es zu einer zusätzlichen Dehnung der unteren Rückenmuskulatur, der Waden und der Achillessehnen.

In der dritten Stufe verlagern Sie die Kniegelenke extrem nach vorne auf den Boden. Hierdurch intensivieren Sie automatisch die Dehnung der beugeseitigen Schultermuskeln, der Waden und der Achillessehnen. Zusätzlich dehnen Sie jetzt die gesamte Fußsohle einschließlich der Zehenbeuger.

Praktizieren Sie das Kreuzhang-Ritual nach jedem Toilettengang, ob im Betrieb oder am Rastplatz auf der Autobahn.

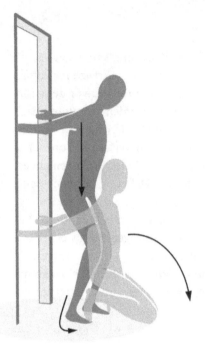

Kreuzhang-Ritual

Einmal Gegenschwung-Stretching am Tag reicht nicht! Grundsätzlich sollte das Gegenschwung-Stretching alle zwei Stunden wiederholt werden, weil sportmedizinische Studien nachweisen, dass ein gedehnter Muskel bei fortgesetzter Arbeit nach 90 Minuten wieder seinen maximalen Spannungszustand erreicht hat. Dabei genügt eine Dehnungszeit von sieben Sekunden. Die Dehnungsposition wird behutsam und deutlich verlangsamt eingenommen, also ohne ruckartige Bewegungen. Sie bleiben immer unter der Schmerzgrenze. Unterstützend wirkt die betonte Ausatmung.

Rituale – entspannt durch den Stressalltag

Prävention statt Operation
Mit dieser Übung öffnen wir die Schultergelenke, die bei
monotoner Bedienungsarbeit (Brustbeinbelastungshaltung)
einseitig verriegelt sind. Neben der krummen Körperhaltung
entstehen Kompressionssyndrome in Schultern und Armen,
die Nervenschmerzen verursachen können. Das Kreuzhang-
Ritual wirkt dem entgegen.

Das Kreuzhang-Ritual
wirkt gegen das Thorax-
Outlet-Syndrom, gegen
Kompressionssyndrome
der Arme und Schultern
und richtet den Oberkör-
per wieder auf.

*Das Kreuzhang-Ritual ersetzt den
vernichteten energiefördernden
Gegenschwung. Nur so kann aus
der natur-unrichtigen wieder eine
natur-richtige Bewegung bei der
Arbeit werden, und das mit 30
Prozent Energiegewinn.*

Storchenbein-Ritual

Mit dem *Storchenbein-Ritual* öffnen wir die Hüftgelenke,
die besonders bei langer Sitzarbeit ebenso verriegelt sind
wie die Schultergelenke. Zum Gegenschwung-Stretching
rutschen Sie an den vorderen Stuhlrand und stützen sich
mit beiden Händen seitlich ab. Jetzt verlagern Sie das rechte
Bein extrem nach hinten unter der Sitzfläche, dabei liegt der
überstreckte Fuß mit dem Fußrücken am Boden. Danach
verlagern Sie den Oberkörper extrem nach hinten, ohne jedoch ins Hohlkreuz zu fallen, gleichzeitig drücken Sie mit
dem rechten Fuß gegen den Untergrund. Sieben Sekunden
halten und Wiederholung der Gegenseite.

Das Storchenbein-Ritual funktioniert auch im Stehen,
dann dehnen Sie aber speziell den mittleren Oberschenkel-
streckmuskel *(Musculus rectus femoris)*, der als tonischer
Muskel schnell zur Verkürzung neigt, und das nach länge-
rem Laufen. Sie stehen auf dem linken Standbein mit leicht

Storchenbein im Sitzen

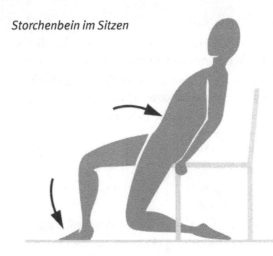

gebeugtem Kniegelenk. Das rechte Bein wird im Knie stark gebeugt und der rechte Fußrücken mit der rechten Hand von hinten umgriffen, um so durch den Zug der rechten Hand nach oben das rechte Knie nach hinten zu ziehen. Auf diese Weise wird das Hüftgelenk maximal gestreckt. Sollten Sie unsicher auf einem Bein stehen, halten Sie die linke Hand an den Bauchnabel und konzentrieren Sie sich auf die körperliche Mitte, dann ist alle Unsicherheit verflogen.

> Verlassen Sie in Zukunft nie mehr ohne das Storchbein-Ritual Ihren Stuhl nach längerem Sitzen. Bei Zeitmangel können Sie die Übung auch mit beiden Beinen zugleich durchführen, hierbei müssen Sie sich nur recht fest seitlich mit den Armen abstützen.

Der Hüftlendenmuskel, der Alleskönner unter den Muskeln
Der Hüftlendenmuskel wird bei der vorherrschenden Sitzarbeit in der Regel sträflich vernachlässigt und befindet sich

Rituale – entspannt durch den Stressalltag 167

damit in Dauerspannung. Bei langer Sitzarbeit ist das Hüftgelenk ständig in 90-Grad-Beugestellung, dabei ist der
Hüftlendenmuskel verkürzt, er verliert an Elastizität, die er
aber beim Stehen und Gehen dringend erbringen muss, und
das hat gravierende Folgen:

● Im Stehen und Gehen entsteht eine deutliche Drucksteigerung in den Bandscheiben der Lendenwirbelsäule, weil
ein stärkeres Hohlkreuz die Folge ist. Rückenbeschwerden und Bandscheibenvorfälle hängen immer auch mit
einem verkürzten Hüftlendenmuskel zusammen.

● Beim Gehen verlieren die Hüften ihren Gegenschwung.
Ein schlechtes Gangbild ist die Folge, die Beine folgen
nur noch dem Impuls nach vorne. Schnelle Ermüdung ist
das Ergebnis dieser unnatürlichen Bewegung.

● Das Einatmen kann beim Stehen behindert werden, besonders bei gestreckten Kniegelenken. Der Hüftlendenmuskel ist der entscheidende Antagonist des Zwerchfells,
das somit bei der Einatmung in seiner Entfaltung in den
Bauchraum eingeschränkt wird. (Siehe Abbildung S. 49.)

Durch den Obama-Swing optimal körperlich in Szene gesetzt!
Durch das Storchenbein-Ritual werden Sie in Zukunft ihre
Umgebung in Staunen versetzen, weil Sie körperlich majes-
tätisch in Erscheinung treten. Nicht gebeugt vom Stress,
sondern bewusst aufrecht kommen Sie daher, wobei jeder
Schritt über den perfekten Gegenschwung (analog zum Skilanglauf) aus den Hüften eingeleitet wird. Kein Politiker
beherrscht dieses Swing-Walking so gut wie der amerikanische Präsident Barack Obama. Und alle Regierungsmit-
glieder der EU-Staaten sind gut beraten, sollten sie die Ehre
haben, mit dem amerikanischen Präsidenten eine Ehrenkompanie abzuschreiten, vorher intensiv das Storchenbein-
Ritual zu üben. (Siehe Abbildung S. 166.)

Prävention statt Operation

Durch das wiederholte Storchenbein-Ritual werden Bandscheibenschäden und Rückenbeschwerden verhindert. Neben dem verbesserten Gangbild ermüden Sie beim Gehen und Laufen später. Das Einatmen verbessert sich, besonders beim Singen, denn das Zwerchfell kann leichter nach unten ausweichen. Unterstützt wird dieser Vorgang, wenn beim Singen die Kniegelenke leicht gebeugt gehalten werden, flache Schuhe mit geringer Absatzerhöhung sind zudem förderlich. Durch das Storchenbein-Ritual werden wir leichter singen können, ein guter Ausgleich im Stressalltag, ganz nach dem Motto: »Wo man singt, da lass dich ruhig nieder, böse Menschen kennen keine Lieder.«

Rückenrodeo-Ritual

Statisches Sitzen ist Stress pur für die Wirbelsäule im Allgemeinen, für die Bandscheiben im vorderen Areal im Besonderen. Die untere Bandscheibe L5/S1 steht unter Dauerdruck von mindestens 120 Kilogramm, in der statischen Belastung erfolgt keine Druckverteilung. Permanent wird der vordere Ringabschnitt des empfindlichen Gewebes regelrecht in die Zange genommen. Eines Tages genügt dann eine unvorbereitete falsche Bewegung, und der hintere, seitliche Prolaps (häufigster Bandscheibenvorfall) trifft Sie, wie der Blitz aus heiterem Himmel. Die Leckage tritt exakt gegenüber dem höchsten Druckpunkt der Bandscheibe auf:

1. So wie der Blitz einen Baum fällen kann, so fällt ein Bandscheibenvorfall den stärksten Mann, die Schmerzen sind unerträglich, leichte Linderung bringt nur noch Morphium.

2. Bandscheibenvorfälle sind druckabhängig, weil durch bewegungsloses Sitzen das Gewebe an ein und derselben Stelle unter Dauerdruck steht.
3. Die erste Maßnahme lautet Stufenlagerung und die dezente Wärme einer Wärmflasche, die nur die Muskulatur in ca. drei Zentimetern Tiefe erreicht. Jede aggressive Erwärmung (Heizkissen oder heiße Badewanne), die tief an die Nervenwurzel gelangen kann, macht den Betroffenen absolut bewegungslos, Sie kommen ohne fremde Hilfe nicht mehr aus der Badewanne heraus.

Der *Rückenrodeo* kann diese häufige Komplikation durchaus vermeiden, denn er bringt Leben in die Wirbelsäule. Aus statischem Sitzen wird dynamisches, und damit erfolgt die entlastende Druckverteilung. Dieses Bewegungs-Intermezzo bringen wir immer dann in den Stressalltag, wenn ohnehin lästiges Warten ansteht, sei es an der roten Ampel oder im ICE bei seinem Drei-Minuten-Stopp in Frankfurt oder auflockernd zur Musik mit Antriebsförderung auf der Autobahn oder im Flugzeug. So wird bereits auf dem Weg zur Arbeit jede rote Ampel für Sie zu einem erfreulichen Intermezzo. Sie warten nicht mehr ungeduldig auf das Grünsignal, und Sie werden erfreut feststellen, wie schnell die Straße wieder freigegeben wurde, weil jede zielorientierte Einstellung entfällt. Der Rückenrodeo kostet Sie keine Zeit, es ist ein perfektes Training im Vorübergehen:

1. Entlastung der Bandscheiben durch gleichmäßige Druckverteilung
2. Kräftigung der Rücken-Beckenboden-Muskulatur
3. Aus lästiger Wartezeit wird Erlebnisprävention

Ihr dynamisches Krafttraining erreichen Sie durch den wechselnden Anspannungs-Entspannungs-Rhythmus der unteren Rückenmuskulatur und des Beckenbodens durch den Druck der Schulterblätter gegen die Lehne, dabei wippen Sie leicht auf und ab. Sie wippen so lange, wie es die Wartezeit ermöglicht. (Siehe Abbildung S. 159.)

Den Rückenrodeo können Sie in der Praxis wie folgt programmieren:

1. Rein mechanisch als dynamisches Krafttraining;
2. aus der Vorstellungskraft heraus: Sie visualisieren den Absprung auf einem Sprungbrett, Sie springen nach oben und spannen dabei Rücken, Beckenboden, Oberschenkel an. Bei der Landung folgt die Entspannung;
3. auf langen Fahrstrecken auf der Autobahn, im Zug oder Flugzeug »tanzen« Sie den Rückenrodeo synchron zur Antriebsförderung durch Musik.

Eine kleine Episode zum Schmunzeln. Mein Musikerseminar für die süddeutschen Organisten begann mit einem Orgelkonzert im Eichstädter Dom, und es war bitterkalt. Ich war dünn gekleidet, saß vorn in der ersten Reihe, meine Seminarteilnehmer, die mich noch nicht kannten, direkt hinter mir. Für mich in dieser Situation war der Rückenrodeo die Notlösung, nach 15 Minuten wurde es mir angenehm warm, und alle folgten meinem Beispiel, weil sie annahmen, dass dies schon ein wichtiger Programmpunkt sei.

Prävention statt Operation
Durch den Rückenrodeo vermeiden Sie über die perfekte Druckverteilung Bandscheibenvorfälle. Sie stärken die Rückenmuskulatur und gleichzeitig den Beckenboden. Auf langen Reisen besonders im engen Flugzeug eine optimale Thromboseprophylaxe.

Treppauf-Ritual

Auf dem Weg zur Arbeit haben Sie neben dem Rücken-rodeo eine zweite Chance, wenn Ihr Büro im 8. Stock eines Hochhauses angesiedelt ist und wenn Sie den Vorteil für sich und Ihre Gesundheit erfahren, der darin liegt, dieses Hindernis durch Eigenleistung zu überwinden. Sie suchen auf diesem Wege die gleiche persönliche Befriedigung durch die Bewältigung einer gestellten Herausforderung analog zu dem Glücksgefühl, das Bergsteiger auf dem Gipfel erleben können:

1. Beim Treppauf visualisieren Sie die gleiche Einstellung, die Sie bei ähnlichen Belastungen auf einer einmaligen Bergtour erlebt haben.
2. Sie gehen den Aufstieg bewusst an, denken Sie nicht an die Zeit, die Sie bis in den 8. Stock brauchen.
3. Sie nehmen jede Stufe kontrolliert an, nicht zielorien-tiert, sondern mit Achtsamkeit, der Weg ist das Ziel.
4. Pro Sekunde eine Stufe! Beginnen Sie jede Stufe fersen-betont und rollen den ganzen Fuß ab.
5. Bei Trainingsfortschritt können Sie bald in die nächste Stufe leicht hineinspringen, d. h. Sie heben den Fuß vor dem Aufsetzen mit der Ferse leicht höher als die Stufe an und rollen danach zum Vorfuß ab, mit dem Sie sich dann abstoßen. Probieren Sie diese Technik genau, bald wer-den Sie den gewaltigen Kraftgewinn in den Beinen spü-ren, der Sie leicht durch den Stressalltag führen wird.
6. Sie atmen mit geschlossenem Mund durch die Nase ein und aus.
7. Diese Nasenatmung (Totraumtraining) hält Sie immer auf der sicheren Seite (aerob), denn Sie können sich nicht überfordern.
8. Sobald Sie zu schnell steigen, kriegen Sie nicht mehr ge-

nug Luft. Verlangsamen Sie das Tempo, erreichen Sie Ihren täglichen Gipfel ohne jegliche Überforderung, und das ist die Grundvoraussetzung, dass Sie diese Herausforderung für sich auf Dauer annehmen können.

> Die Bewältigung allein dieser täglichen Herausforderung, als ein spezielles Training im Vorübergehen, kann Ihnen einen so hohen Zugewinn an Leistung und Gesundheit erbringen, dass Sie mit gutem Gewissen auf das Jogging am Abend verzichten können.

So verkürzen Sie die Wartezeit am Bahnhof. Treppentraining über vier Stufen rückwärts, vier Schritte rückwärts treppauf, vorwärts über vier Stufen treppab, dabei stets den ganzen Fuß langsam über Ferse und Vorfuß abwärts und über Vorfuß und Ferse aufwärts abrollen, so schulen Sie gleichzeitig die Koordination und stärken Ihr Gleichgewicht.

Bergauf praktizieren Sie Ihr Retrowalking in Pirouetten, nach vier Schritten rückwärts folgt die nächste Drehung.

Rituale – entspannt durch den Stressalltag   173

Auch längere Passagen rückwärts treppab sind ratsam, es ist rückenentlastend, denn Sie vermeiden das Hohlkreuz, das häufig zu Rückenbeschwerden führt.

Prävention statt Operation
Treppentraining ist optimal zur Herz-Kreislauf-Prävention gegen Herzinfarkt und Schlaganfall geeignet, wenn es nicht übertrieben und wenn die sauerstoffreiche (aerobe) Leistungsgrenze konsequent eingehalten wird. Das erreichen Sie durch die konsequente Nasenatmung.

Robbenflossen-Ritual

Jetzt haben Sie schon länger im Internet gesurft, die anstehenden Mails bearbeitet, neue Textaufgaben gelöst. In dieser Tätigkeit mussten sich die Hände völlig auf die Tastatur einstellen, mussten wie kleine Hämmerchen arbeiten, um in gebeugter Fingerstellung die einzelnen Tasten bedienen zu können, und das oft über Stunden.

Die Tastenposition der Finger ist Beugesehnen-Stress, Schwellungen und Längenverkürzungen der Sehnen sind die Folge. Das häufigste Kompressionssyndrom, das Karpaltunnelsyndrom, ist Ausdruck der vorherrschenden natur-unrichtigen Bewegung, in der der energiefördernde Gegenschwung vernichtet wurde!

Es gibt nur eine Lösung, um aus dieser natur-unrichtigen Bewegung wieder eine natur-richtige zu erreichen: Gegenschwung-Stretching über sieben Sekunden, möglichst im Zwei-Stunden-Rhythmus.

Das Entspannungsritual nach der Hebb'schen Lernregel entsteht und wird zur Regelmäßigkeit, wenn am Handy oder am Drucker das *Robbenflossen-Ritual* praktiziert wird. Auf einer Tischfläche, seitlich auf der Sitzfläche des Stuhls oder vor einer Wand überstrecken wir die rechte Hand so, dass die Handfläche gegen die Unterlage drückt, die Finger zeigen entweder körperwärts oder an der Wand nach unten. Jetzt intensivieren Sie die Dehnung durch die verstärkte Handgelenkstreckung, der Druck gegen die Unterlage wird erhöht, Sie spüren den Druck, aber keine Schmerzen, im Unterarm bis hinein in die Hohlhand. Sieben Sekunden halten, dann wiederholen Sie das Ritual mit der Gegenseite.

Da die meisten Menschen Rechtshänder sind, empfiehlt es sich, die Dehnung der rechten Hand in den Vordergrund zu stellen. Bei langer Tastentätigkeit empfiehlt sich die Wiederholung des Gegenschwung-Stretchings im Zwei-Stunden-Rhythmus.

Robbenflosse am Tisch

Prävention statt Operation

Die Fingerdehnung nach dem Robbenflossen-Ritual wirkt gegen das Karpaltunnelsyndrom, auch bei manifestem Befund. Allerdings sollte im Erkrankungsfall die Fingerdehnung hierauf beschränkt bleiben und das Handgelenk nicht überstreckt werden. Dazu halten Sie das Handgelenk absolut gestreckt und üben mit der Gegenhand nur den Druck zur Streckung ausschließlich auf die Fingerkuppen aus. Sie müssen nämlich wissen, dass bei jeder Überstreckung des Handgelenkes der Karpaltunnel weiter eingeengt wird. Unterstützend wirkt in dieser Situation eine Nachtschiene, die aber um 20 Grad in Höhe des Handgelenkes gebeugt sein muss. So wird in der Nacht der Karpaltunnel geöffnet, und der gereizte Mittelhandnerv kommt wieder zur Ruhe.

Entspannungshocke-Ritual

Die tiefe *Entspannungshocke* ist unsere perfekte Energiespeicherposition. Aus gutem Grund befanden wir uns in unserem ersten Entwicklungsstadium in pränataler Zeit in dieser Kauerstellung, denn so konnte die Organentwicklung auf optimalem Niveau verlaufen. Auch aus dem sportlichen Wettkampf ist diese Hocke nicht wegzudenken. Ich habe es schon erwähnt: Wenn 100 Meter in kürzester Zeit gelaufen werden sollen, ist das ohne Tiefstart nicht möglich. Auch der Skispringer auf der Sprungschanze startet aus der tiefen Hocke, durch die abschließende Körperstreckung kommt dann die ganze Körperenergie durch die Streckung zur Entladung.

Im Technikzeitalter hat der Mensch die Entspannungshocke verlernt, wie sie auch heute noch von Naturvölkern gelebt wird. Krampfhaft in Spitzfußstellung balancierend werden die Kniegelenke meniskusbelastend nach außen gedreht, die Wirbelsäule ist dabei bretthart und gerade aufgerichtet.

Der Grund für diese unnatürliche Hocke, die auch nur kurzfristig eingenommen werden kann, liegt in der Verwendung von Absatzschuhen, die Waden und Achillessehnen schrumpfen lassen, sodass sie sich in der tiefen Hocke nicht mehr ausreichend entfalten können. Die Fersen werden hierdurch vom Boden abgehoben und die Kniegelenke gleichzeitig nach außen rotiert. Das Kniegelenk ist aber ein reines Scharniergelenk, das sich nur frontorientiert beugen kann. Wird jetzt in der europäischen Hocke eine Rotation erzwungen, geht das zu Lasten des Innenmeniskus, der auf diese Weise langsam zermürbt wird und eines Tages bei einem Gelegenheitsvorgang zerreißen kann.

> Durch die unnatürliche Arbeitshocke entstehen die meisten Innenmeniskusverletzungen in unserem Land, der Beginn der häufigen Kniegelenksarthrose im späteren Leben. Das ist meine persönliche Erfahrung als langjähriger Gutachter der Berufsgenossenschaften.

Als junger Chirurg auf einem deutschen Hospitalschiff im Vietnamkrieg lernte ich in Saigon die Entspannungshaltung der Vietnamesen in den unterschiedlichsten Situationen kennen. Was mich überraschte, war die hohe Leistungsfähigkeit des Rückens, der Kniegelenke und der Waden und Achillessehnen im Vergleich zu Deutschland. Nur die Vietnamesen machen in der tiefen Hocke alles richtig:

Die Füße stehen parallel am Boden mit festem Fersenkontakt, die Kniegelenke sind scharnierartig nach vorne ausgerichtet. Hierdurch sind Waden und Achillessehnen optimal gedehnt, und der elastische Rücken imponiert durch einen gleichmäßig entfalteten runden Bogen und ist nicht brettartig ausgerichtet wie in Deutschland. (Siehe Abbildung S. 105.)

Die natürliche Hocke kann auch im späteren Leben wieder erlernt werden, wenn die untere Rückenmuskulatur, die Waden und die Achillessehnen wieder optimal gedehnt sind.

Sie lernen die natürliche Hocke in mehreren Schritten relativ schnell:

1. Über das bereits vorgestellte Hängebrücken-Ritual.
2. Vor einer geöffneten Tür halten Sie sich mit beiden Händen an den Griffen, strecken die Arme und begeben sich in die tiefe Hocke, in der Sie das Becken tief zum Boden absenken.
3. Bei der Hocke im Liegen beugen Sie beide Kniegelenke maximal, dabei ziehen die Unterarme die Kniegelenke intensiv an den Körper heran.
4. Vor einer Wand gehen Sie in die tiefe Hocke, die Füße stehen parallel am Boden, das Becken schwebt kurz über dem Untergrund. Zur Intensivierung der Dehnung ziehen Sie jetzt mit beiden Armen die Kniegelenke an den Körper heran und verlagern den Kopf extrem nach vorne zwischen die Kniegelenke.
5. Sie praktizieren die halbe Hocke auf einem Stuhl, dabei umarmen Sie das maximal gebeugte Kniegelenk und versuchen das Kinn auf dem Knie abzustützen. Wiederholung der Gegenseite und bald danach beherrschen Sie auch die totale Hocke mit beiden Beinen auf der Sitzfläche.

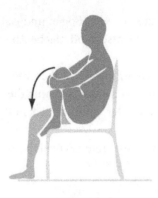

Ganze und halbe Hocke auf dem Stuhl

Mit all diesen Vorübungen zur natürlichen Hocke beherrschen Sie bald auch die freie Saigonhocke, die Sie dann morgens bereits zur Rückenentlastung beim Zubinden der Schuhe als Training im Vorübergehen praktizieren können.

Eine Hocke spezieller Prägung empfehle ich Ihnen beim täglichen Toilettengang. Die Saigonhocke ist für viele von uns speziell im vorgerückten Alter eine echte Herausforderung, vor allem, wenn die Kniegelenke in gewisser Arthrose verharren und um die Taille herum der Gürtel weiter geschnallt werden muss. Zur Erleichterung stellen Sie sich einen Hocker vor die Keramikschüssel, damit stehen beide

Füße deutlich höher. Jetzt beugen Sie den Oberkörper weit nach vorn und ziehen mit den Armen die Kniegelenke stark gegen die Bauchwand. Auch so entsteht der notwendige Druck von außen auf den Dickdarm, der jede Stuhlentleerung erleichtern kann. Auf diese Weise kann auch das gefährliche Pressen aus dem Kopf vermieden werden. (Siehe Abbildung S. 123.)

Sie können aber auch unmittelbar vor dem Stuhlgang die bereits vorgestellte Hocke vor der Wand (siehe Abb.) praktizieren. Sie umarmen beide Kniegelenke und komprimieren so mit den Oberschenkeln den aufsteigenden und absteigenden Dickdarm, wodurch die Darmpassage in Richtung Ausgang gefördert wird.

Prävention statt Operation
Das wiederholte Ritual der tiefen Entspannungshocke ist der Garant für einen stets optimal gedehnten Rücken mit einer leistungsfähigen Lendenwirbelsäulen-Muskulatur, und das bei gleichzeitiger Dehnung der Waden- und Achillessehnen. Sie wirkt bei Rückenbeschwerden und erweitert den Spinalkanal. Präventiv wirkt sie gegen Wadenkrämpfe besonders in der Nacht, gegen Wadenmuskelverletzungen, Achillessehnenbeschwerden einschließlich Achillessehnenruptur. Die Dehnung der Achillessehne durch die tiefe Hocke ist das Mittel der Wahl gegen den schmerzhaften Fersensporn, durch den das Gehen sehr erschwert werden kann. Keine Lösung auf Dauer ist Polsterung der Ferse durch ein Kissen im Schuh, weil langfristig hierdurch die Verkürzung der Achillessehne weiter verstärkt als ausgeglichen wird.

Kein Stress mehr auf der Toilette, kein Pressen, kein blutdrucksteigerndes Vasalva-Manöver. Die Zeit der ständigen Verstopfung ist auch ohne Abführmittel vorbei. Prävention gegen Blinddarmentzündungen, Ileites terminalis, Dickdarmdivertikel, Dickdarmkrebs, Colitis ulzerosa, Hämorrhoiden, Harnblaseninsuffizienz, Leistenhernien, Hiatushernien mit Speiseröhrenreflux, Beckenbodensenkung mit Lähmung des Pudendusnerven.

Spezielle Prävention gegen die Endometriose, gegen Gebärmutterprolaps, Hämorrhoiden, Prostataerkrankungen.

Die gravierenden Probleme der Pressatmung beim Vasalva-Manöver

- Durch die Erhöhung des Innendrucks im Brustraum wird der venöse Rückstrom zum Herzen erheblich beeinträchtigt
- Abfall der Herzminutenvolumens bis zu 55 Prozent
- Verringerung des Schlagvolumens um weniger als ein Drittel des Ausgangswertes
- Kollapserscheinungen als Folge einer Minderdurchblutung des Gehirns
- Während des Pressvorganges keine Arterialisierung (Sauerstoffversorgung) des Blutes mit Absinken der Sauerstoffsättigung im Blut von 95 auf 70 Prozent

---

Jede Form der Pressatmung stellt eine echte Sauerstoffkrise im Körper dar. Durch unsere falschen Toilettengewohnheiten findet dieser Super-GAU bis zum 50. Lebensjahr praktisch bei jedem von uns 73 000 Mal statt, wenn auf der gewöhnlichen Sitztoilette täglich viermal pro Sitzung das Vasalva-Manöver praktiziert wird. Kein Wunder also, dass es nicht selten vorkommt, dass der Notarzt zu einem akuten Herzinfarkt auf eine Toilette gerufen wird.

Schmauen-Ritual – die Achtsamkeit des Kauens

Für die Gesundheit im Allgemeinen, für die Entspannung im Besonderen, ist das Geben wichtiger als das Nehmen, d.h. der tägliche Gang zur Toilette steht vor dem Gang in die Küche. Das sieht die moderne Stressgesellschaft ganz anders, aus diesem Grunde rangieren die vielen Kochkurse im Fernsehen zu den besten Sendezeiten, und das mit hohen Quoten.

Die permanente Beschleunigung der Gegenwart hat nicht nur alle Schichten der Gemeinschaft erfasst, sie beginnt bereits bei der Nahrungsaufnahme: Schnell und hastig und mit vollem Mund sprechend, schlingen wir die unzerkauten Bissen in uns hinein, ohne zu bedenken, dass die Verdauung so nicht funktionieren kann! Denn hierdurch wird die Aufbereitung der Kohlehydrate durch den Speichel blockiert, die Zuckerstoffe kommen unvorbereitet in den Verdauungstrakt, eine ständige Überbelastung der Bauchspeicheldrüse ist die Folge, und das ist der Anfang der diabetischen Stoffwechsellage, der Typ-II-Diabetes steht vor der Tür. Die Voraussetzung einer optimalen Verdauungsarbeit im Magen beginnt bereits im Mund mit dem Speichel in Zusammenarbeit mit den Zähnen als entscheidendes Kauwerkzeug. Nur so kann die Verdauung auf gesundem Wege verlaufen, der erste Schritt muss mit der Mundverdauung eingeleitet werden. Legen Sie wiederholt Messer und Gabel aus der Hand, wenden Sie sich ab vom Tisch und legen Sie sich bequem gegen die Stuhllehne. Schließen Sie wiederholt genüsslich die Augen, so können Sie sich ganz Ihren Gaumenfreuden zuwenden. Jede naturbelassene Nahrung gewinnt so an Geschmacksfülle. Sind allerdings die Nahrungsmittel zu stark durch Konservierungsmittel oder Geschmacksverstärker verändert, so verlieren sie ihren guten Geschmack, sodass Sie sie ausspucken.

Voraussetzung ist die Achtsamkeit des Kauens, die nur schwer nebenbei im Stehen verrichtet werden kann. Dynamisches Kauen braucht stets einen Moment des Innehaltens, in dem die Zeit stehenbleibt. Durch eine entsprechende Vorbereitung der Mahlzeit kann zudem ein Umfeld der Freude und Begeisterung geschaffen werden, denn auch ein mit Aufmerksamkeit gedeckter Tisch kann dazu beitragen, die Glückshormone in uns zu wecken.

Schauen, Kauen, Schmecken – die Trias zur Geschmacksförderung als Erlebnissteigerung ist natürlicher Energiegewinn.

- Geschmackssteigerung bei jedem Bissen
- Auflösen der Nahrung im Mund
- Vorverdauung der Nahrung im Mund, besonders der Kohlehydrate
- Deutliche Entlastung des Magens
- Schnellere Verwertung der Nahrung
- Verbesserter Stoffwechsel
- Schnelleres Sättigungsgefühl
- Verbesserte Konzentration, Kraftsteigerung
- Verbesserte Entspannung
- Höheres Glücksgefühl

Mit seinem Buch *Kau Dich gesund!* bestätigte der Münchner Schauspieler Jürgen Schilling nach fast 100 Jahren den Leitsatz des Berliner Chirurgen August Bier: »Der Darm ist die Wurzel des Lebens.« Dreißig Mal mussten Magenkranke die Bissen im Mund durchkauen, ein einfaches Konzept, um die damaligen Magengeschwüre zu heilen. Schilling handelte rein empirisch, er litt, suchte, fand, erkannte und handelte durch seine Intensität des Kauens und Schmeckens zugleich.

Rituale – entspannt durch den Stressalltag

Beim *Schmauen* nach Schilling bestimmt das rein me-
chanische Kauen nur den Einstieg in dieses neue Esspro-
gramm. In einem zweiten Schritt folgt im Sinne der Achtsamkeit die bewusst längere Verweildauer des Bissens im
Mund, in dem die Nahrung wie in einem Mixer hin und her
bewegt wird, zentral gesteuert durch rotierende Turbulenzen der Zunge. Simultan zu diesem langsamen Zermahlen
wird der Bissen in kleinen Portionen geschluckt. Ein Vorgang der Entschleunigung beim Essen ist die Folge, in
dem die Alpha-Amylase die komplexen Kohlehydrate in
kleine Fraktionen spaltet, die plötzlich eine ganz neue Ge-
schmacksqualität erhalten, und das mit großer Wirkung:

- Das Körpergewicht nimmt ab
- Der Typ-II-Diabetes kommt unter Kontrolle
- Genusssteigerung beim Essen

Schmauen blendet das Sprechen beim Essen aus, man gibt
sich ganz der Sinnesfülle des Schmeckens hin und schließt
die Augen. Ein unglaubliches Gefühl: Es schmeckt immer
besser und besser. Der Bissen ist fast völlig verflüssigt.

Schauen, Kauen, Schmecken! Das ist die Zeit, die wir uns
wieder nehmen müssen im schnellen Stressalltag, die Zeit
der Achtsamkeit für den Augenblick der Erholung und Entspannung. Greifen Sie im Alltag auch am Arbeitsplatz auf
diese Glücksmomente zurück. Haben Sie den Mut, nach
dem Stress am Vormittag, Nein zu sagen zum gewöhnlichen
Essen in üblicher Runde. Tanzen Sie aus der Reihe, setzen
Sie sich abseits allein in eine Ecke und genießen Sie das
Schmauen-Ritual der besonderen Achtsamkeit.

Vagus-Siesta-Ritual mittags

Die *Vagus-Siesta* sollten Sie täglich mittags am Arbeitsplatz, zu Hause und auf Reisen praktizieren. Was Sie brauchen sind 15 Minuten Zeit:

1. Nehmen Sie bequem Platz auf einem abseits gelegenen Stuhl, es genügt die einfachste Konstruktion.
2. Schließen Sie die Augen und betrachten Sie zum ersten Mal in Ihrem Leben Ihr eigenes Auge (Nah-Akkommodation).
3. Zunächst erscheint ein allgemeiner Grauton.
4. Bald unterscheiden Sie das hellere Grau der Oberlider vom dunkleren Grau der Unterlider, dazwischen liegt eine Trennlinie, die Sie ins Visier nehmen.
5. Optimal wirkt ein sonnendurchflutetes Fenster, es tauchen Farben auf, zunächst die Farbe Gelb. Das Gelb kann und wird sich verändern in Rot, Blau, Violett oder Grün, das ist individuell sehr unterschiedlich. Sie konzentrieren sich auf dieses Farbspiel.
6. Plötzlich tauchen schwarze Punkte auf, die »fliegenden Mücken«. Fixieren Sie diese Flugobjekte, die Entspannung beginnt sich zu vertiefen.
7. Dieses »Cinema interne« bei geschlossenen Augen können Sie auch mit offenen Augen durch das Abrufen von Doppelbildern ersetzen. Sie erlernen diese Technik, indem Sie den Zeigefinger vor die Nasenspitze setzen. Wenn Sie jetzt den Zeigefinger zehn Zentimeter nach vorne verlagern und gleichzeitig Nasenspitze und Zeigefinger betrachten, erkennen Sie bald zwei Zeigefinger. Dieses Akkommodationstraining funktioniert auch in jedem Wartezimmer, z.B. mit einem Bild an der Wand, das Sie mit den Augen verdoppeln, dabei umkreisen Sie mit den Augen die beiden Bilder in einer Achtertour.

Rituale – entspannt durch den Stressalltag

1. Stufe der meditativen Tiefenentspannung:
Cinema-interne-Programm der Vagus-Meditation!
Parallel zum »Cinema interne« beginnen Sie jetzt mit Kehl-
kopfvibrationen.

1. Grundsätzlich richtet sich die Konzentration jetzt auf die
   Atmung, speziell auf die lange Ausatmung, denn nur in
   dieser Phase überwiegt der Vagus, die nächste Einatmung unterliegt schon wieder dem Stressnerven Sympathikus, so schnell schaltet das System um.
2. Eine lange Ausatmung erhalten Sie, wenn Sie den Atem-
   widerstand durch Schnurren, Summen, Singen oder
   Brummen erhöhen.
3. Sie beginnen, ganz leise zu schnurren, wie eine Katze, das
   sind ca. 30 Hertz, damit stimulieren Sie den 9. Hirnnerv,
   der in Sekunden Entspannungssignale an den Vagus wei-
   terleitet.
4. Jetzt gehen Sie auf eine leise Melodie über, die Sie in ständiger Wiederholung singen oder auch summen – z. B. das
   Volkslied »Am Brunnen vor dem Tore«.
5. Besonders tiefenwirksam ist das betonte, kurze Brummen wie ein Bär, das wiederholt in das längere Singen
   und Summen eingebaut werden kann.

2. Stufe der meditativen Tiefenentspannung:
Kehlkopfvibrationen
Wie intensiv die Tiefenentspannung ausfällt, richtet sich
zum einen nach der Absenkung der Gehirnschwingungen
bis ins Thetastadium mit ca. 4 Hertz, zum anderen nach
dem Resonanzverhalten des Brustkorbes in Synchronisa-
tion mit den Kehlkopfvibrationen. Man kann den Kehlkopf
und seine Stimmbänder mit den Saiten einer Geige vergleichen und den mitschwingenden Geigenboden mit dem gesamten Brustkorb. Die Resonanz wird durch die klingenden

Vokale der deutschen Sprache optimal ausgelöst, durch A, O und U. Das hell klingende I gehört nicht dazu, ein Kopfton, der eher Stress auslöst. Das gesungene Wort »Liebe« wirkt in ausländischen Ohren eher wie das Klirren einer Fensterscheibe, als dass hierdurch Entspannung ausgelöst werden könnte. Ganz anders dagegen wirken die Klinger in Love oder Amore.

Die drei Klinger bei Kehlkopfvibrationen wirken in unterschiedlichen Stufen:

1. Das gesungene A in »Halleluja« oder »Amen« bewirkt ein Mitschwingen im Kehlkopf-Mundboden-Bereich bis in die Halswirbelsäule hinein.
2. Das gesungene oder gemurmelte O, wie es die fernöstlich Mantratechnik in »Om mani padme hum« prägt, wirkt schon tiefer und bewirkt Resonanz besonders in der HWS bis hinab zur oberen Brustwand.
3. Mit dem U gelangen wir schließlich in den Keller, es bewirkt ein Mitschwingen hinab in die seitliche untere Brustwand.
4. Und schließlich das tiefe Brummen wie ein Bär, verstärkt durch ein hustenähnlicher Anstoß, das das gesamte Zwerchfell mit in die Schwingung erfasst.

In tiefer Vagus-Meditation erleben Sie die Schwingungsresonanz bis hinab ans Zwerchfell und durch Brummen wie ein Bär bis hinein in die linke und rechte Herzkammer.

Schlafstörungen in der Nacht? Natürlich lautet auch hier die Antwort: Vagus-Meditation. Allerdings brauchen Sie etwas mehr Geduld und Erfahrung. Nachts fehlt in der Regel das

Licht für das »Cinema interne«, aber mit der Zeit erleben Sie die Faszination der Finsternis, die leuchtet. Das belegen die uralten Erfahrungen der Mediation, die ich aus meiner Praxis nur bestätigen kann. Bekanntlich sind in der Nacht alle Katzen grau. Dieses Grau sehen Sie auch nachts im »Cinema interne«, mit der Zeit setzt sich aber ein zartes Grün oder Blau durch, das ist meine Erfahrung, dazu die leisen Kehlkopfvibrationen, um den Partner nicht zu stören – die Entspannung kann beginnen.

Wenn Sie jetzt noch ein Zimmer nach Osten ausgerichtet haben, können Sie die ganze Faszination der Vagus-Meditation bei Sonnenaufgang erleben, der Cinema-interne-Film leuchtet in allen Farben, dazu das alte Volkslied gesummt: »Wer recht in Freuden wandern will, der geh der Sonn' entgegen«.

Die Faszination der Morgendämmerung (Grenzfläche mit dem Zwielicht zwischen Nacht und Tag) in Verbindung mit der Vagus-Meditation ist ein gewaltiger Energieschub für den ganzen Tag, ein emotionales Highlight in Verbindung mit Entspannung.

> Das Vagus-Siesta-Ritual ist das Mittel der Wahl: mittags am Arbeitsplatz zur Leistungssteigerung für den Resttag und bei Schlafstörungen jeglicher Art in der Nacht!

Prävention statt Operation
Die Vagus-Meditation wirkt gegen alle stressbedingten Erkrankungen, gegen Herz-Kreislauf-Störungen, gegen Muskel-, Sehnen- und Gelenkverspannungen und somit gegen die moderne Berufskrankheit RSI (Repetitive Strain Injurie), und das in Kombination mit dem Gegenschwung-

Stretching. Die Domäne der Vagus-Meditation sind die psychosomatischen Erkrankungen, die aktuell von Schlaf-störungen, Depressionen, Burn-out geprägt werden.

Meditation & More – das Jahrhundert-Medikament im Stresszeitalter

Natürliche Prozesse wirken immer in ihrer Gesamtheit, in der das Ganze mehr ist als die Summe seiner Teile. Auf diese Weise entsteht das Wachstum in der logarithmi-schen Spirale. Wenn wir die Vagus-Meditation mit Aus-dauertraining verbinden, nämlich dem Tanzjogging auf dem häuslichen Trampolin, das ich Ihnen noch vorstellen werde, halten wir das Jahrhundertmedikament in den Hän-den, das für jedermann kostenlos zu haben ist – ohne jede Nebenwirkung, wenn wir es mit der Bewegung nicht über-treiben.

Der Nachmittag wird fortgesetzt, wie wir den Vormittag begonnen haben. Zwischendurch lassen wir uns in regel-mäßiger Wiederholung durch die schnell umsetzbaren Gegenschwung-Stretching-Rituale aufrichten, die uns die Stressspannung aus den Muskeln, Sehnen und Gelenken vertreiben.

Ein spezielles Bonbon für den Rücken am Nachmittag oder am Abend direkt nach der Dusche habe ich für Sie noch reserviert. Es ist ein exzellentes Kraft- und Elastizitäts-training zugleich, das Sie schnell und hochwirksam in Ihren eigenen Räumen direkt vor einer Wand praktizieren kön-nen.

Rückentrio-Ritual

Der Kraftaufbau des Rückens erfolgt aus der tiefen Hocke heraus, in der insbesondere die untere Rückenmuskulatur in Höhe Lendenwirbelsäule über die Grundlänge erweitert ist. Wenn aus dieser Stellung heraus eine maximale Anspannung erfolgt, ist die Leistungssteigerung extrem hoch. Exzentrisches Krafttraining nennt man diesen Kraftaufbau im Spitzensport, die angesprochene Muskulatur muss aus ihrer optimalen Längenerweiterung Spannungsaufbau betreiben, denn normalerweise steht das exzentrische Training im Vordergrund, das Anspannen eines Muskels aus seiner Verkürzungsstellung heraus. Konzentrisches Training ist vielfach mit Bremsvorgängen verbunden, man spricht auch von »negativer Arbeit«, wenn Bergläufer etwa bergab laufen, ist der Trainingsgewinn größer, als wenn sie betont bergauf unterwegs sind.

In der tiefen Hocke vor der Wand mit abgestützten Schultern ist die Rückenmuskulatur also gleichzeitig längenerweitert, sie wird aus dieser Stellung heraus zu maximaler Anspannung gezwungen, und zwar in drei Etagen:

1. Nackenmuskulatur
2. Schultermuskulatur
3. Untere Rückenmuskulatur in Höhe der Lendenwirbelsäule

1. Kopfwippe

Aus der tiefen Hocke heraus drücken Sie den Kopf maximal gegen die Rückwand, sodass sich die Schulterblätter, Wirbelsäule und Becken von der Wand abheben. Beim dynamischen Krafttraining wippen Sie jetzt sieben Mal vor und zurück, ohne dass jedoch die Wand berührt wird, nur der Hinterkopf stützt den Körper nach hinten ab. Beim isometrischen Training wippen Sie nicht, Sie halten den Abstand sieben Sekunden.

2. Ellbogenwippe
Gleiches Vorgehen, nur drücken Sie diesmal die gebeugten Ellbogengelenke gegen die Rückwand, die in Schulterhöhe seitlich abstützen. Jetzt ist neben Wirbelsäule und Becken auch der Hinterkopf von der Wand entfernt, nur die Ellbogengelenke drücken den Körper nach vorne, dabei werden die Finger maximal gestreckt. Sieben Wiederholungen oder sieben Sekunden Isometrie.

3. Beckenwippe
Jetzt weisen die Schultergelenke wieder nach hinten Wandkontakt aus, Hinterkopf und die Beckenregion stehen in Abstand vor der Wand, und Sie versuchen den Körper mit starker Vorfußbelastung nach oben zu drücken, wobei die Fersen abgehoben sind. Alles geschieht analog zum Guten-Morgen-Ritual, indem Sie sich vorstellen, auf einem Sprungbrett nach oben zu springen. Sieben Wiederholungen oder sieben Sekunden Isometrie.

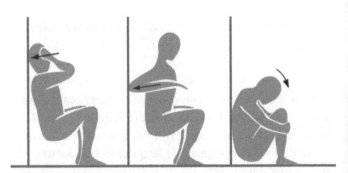

Rückentrio

Insgesamt können Sie drei oder fünf Durchgänge (Sets) praktizieren.

Dieses *Rückentrio-Ritual* ist die perfekte Rückenpower, die schnell und direkt täglich umgesetzt werden kann. Ohne dass ich es mit ihr abgesprochen hätte, empfiehlt Steffi Graf ein gleiches Rückentraining im Stehen, in der tiefen Hocke ist der Rückenaufbau allerdings ungleich größer.

Prävention statt Operation
Das Rückentrio-Programm stärkt den Rücken außerordentlich, damit erhalten Sie den notwendigen Schutz gegen Bandscheibenvorfälle und gegen die degenerativen Gelenkveränderungen (Spondylose, Facettensyndrom). Hervorragende Osteoporose-Prävention!

Würden wir uns jedoch ausschließlich auf dieses Krafttraining des Rückens beschränken, hätten wir aus Sicht natürlicher Entwicklungen nur die Hälfte erledigt, denn es fehlt ein wichtiger Teilbereich: die Elastizität. Kraft kann sich nur dann entfalten, wenn dieses Potenzial aus der optimalen Flexibilität geschöpft wird.

Nach dem Krafttraining folgt die optimale Rückendehnung
Jetzt möchte ich Ihnen das perfekte Elastizitätstraining des Rückens vorstellen. Bisher hatte ich Ihnen die Dehnung des Rückens über die tiefe Entspannungshocke ans Herz gelegt. Nun dehnen wir die längs verlaufende Muskulatur, also die betont lineare Muskulatur des Nackens und des Rückens:

Wir bleiben weiter in der Hocke vor der Wand, mit den Unterarmen umarmen wir jetzt die beiden Unterschenkel, die wir extrem an den Körper heranziehen. Dabei wird der Kopf maximal nach vorne zwischen die Kniegelenke verlagert. Dauer: sieben Sekunden.

Spiralkinetisches Stretching aus tiefer Hocke vor der Wand
Jetzt folgt die stärkste Rückendehnung, die aus meiner Sicht möglich ist, denn wir erfassen nicht nur die längsverlaufende Muskulatur, sondern auch die Rotatoren des Rückens und des Beckens. Insbesondere geht es um die drei Schichten der Gesäßmuskulatur. Hierbei wird speziell ein birnenförmiger Muskel (Musculus piriformis) berücksichtigt, der häufig zur Verkürzung neigt und unter dem der Ischias-Nerv verläuft, sodass die oft schmerzhafte Ischialgie auch in Zusammenhang mit diesem stets verspannten *Musculus piriformis* steht.

Leichte Version
Aus der tiefen Hocke vor der Wand stützen wir uns mit dem Rücken nach hinten ab. Jetzt umarmen wir mit beiden Armen den rechten Unterschenkel und verlagern den Kopf an den Außenrand des rechten Kniegelenkes. Sieben Sekunden halten und Wiederholung der Gegenseite. (Siehe Abbildung Seite 123.)

Schwere Version
Jetzt schlagen wir das rechte Bein über das linke, der rechte Oberschenkel liegt auf dem linken. Wir achten darauf, dass das linke Knie exakt scharnierartig nach vorne ausgerichtet ist, denn das ganze Körpergewicht ruht auf dem linken Knie. Wir umarmen mit beiden Armen beide Kniegelenke, beugen uns stark nach vorne, sodass das Kinn gegen die rechte Kniescheibe drückt. Das ist die stärkste Rückendehnung überhaupt, Sie dehnen mit den Rückenmuskeln auch alle Gesäßmuskeln zugleich, der Spinalkanal wird maximal geöffnet.

Rituale – entspannt durch den Stressalltag

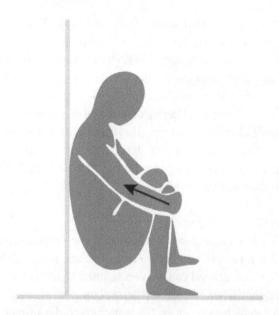

Hocke mit überschlagenen Beinen an der Wand

Natürlich kann nicht jeder diese Extremdehnung umsetzen, folgende Hinderungsgründe sind möglich:

1. Zu viel Bauchfett, das besonders gefährlich ist, weil es für den Herzinfarkt leichter verfügbar ist als vergleichbar der Hüftspeck, der oft für Frauen eher ein kosmetisches Problem darstellt.
2. Knieprobleme unterschiedlichster Art. Dann praktizieren Sie die Dehnung mit den überschlagenen Beinen im Liegen im Bett.

Alternativ zur optimalen Rückendehnung vor der Wand, kann diese Übung auch im Liegen durchgeführt werden, nur ist die Entspannungswirkung auf den Rücken weniger stark.

Im Liegen im Bett ziehen Sie zuerst beide Kniegelenke maximal an die Bauchwand heran, verlagern den Oberkörper nach oben und beugen den Kopf extrem gegen die Kniegelenke. Jetzt schlagen Sie das rechte Knie über das linke und ziehen mit beiden Unterarmen die Kniegelenke maximal an die Brustwand heran, dabei sollte das Kinn die Kniescheibe des rechten Kniegelenkes erreichen. Sieben Sekunden halten, Wiederholung der Gegenseite. Analog zum Liegen kann diese Entspannung auch im Sitzen auf einem Stuhl durchgeführt werden.

Prävention statt Operation
Optimale Dehnung des Rückens und der Gesäßmuskulatur. Therapie bei Lumbago, einem flächenhaften Rückenschmerz, ausgehend von der verspannten Muskulatur. Beim spiralkinetischen Stretching erreichen Sie speziell den Ischialgie-Schmerz, einen Nervenschmerz, der immer nur einseitig auftritt.

Tanzjogging-Ritual

Nach der Arbeit haben Sie hoffentlich die Rushhour gut überstanden. Natürlich kommen Sie müde und abgespannt zu Haus an, besonders müde sind Sie aber im Kopf und nicht, wie in früheren Jahren, nach schwerer Feldarbeit in den Gliedern! Mit der Vagus-Meditation am Arbeitsplatz konnten Sie den Stress optimal abfangen, allerdings war das Herz-Kreislauf-System nicht in jedem Falle ausgelastet, weil die körperliche Bewegung fehlte. Damit in Zusammenhang steht das metabolische Syndrom (Adipositas, Fettstoffwechselstörungen, Bluthockdruck, Typ-II-Diabetes). Viele von uns müssen entsprechende Medikamente schlucken, die jedoch ohne Nebenwirkungen nicht zu haben sind.

Bewegung im Ausdauerbereich ist das Mittel der Wahl, das auf ganz natürlichem Wege erheblich dazu beitragen kann, dass die Angst vor dem Herzinfarkt oder dem Schlaganfall gesenkt werden kann, denn:

Von unserer natürlichen Anlage her sind wir Bewegungs- und keine Sitzwesen. Allerdings wurde uns durch die einseitige Anpassung an die Technik diese Ausdrucksform des Lebens genommen. Natürlich ist ein Bewegungsausgleich am Arbeitsplatz nicht möglich, dazu fehlt es an Zeit und Gelegenheit. Die halbe Stunde Ausdauertraining täglich ist aber ebenso Ausdruck unseres natürlichen Verhaltens wie die Nahrungsaufnahme. Leider ist dies jedoch nicht für jedermann die logische Konsequenz im Stressalltag, denn:

> *Stress und Bewegungsmangel – wir zünden unsere Lebenskerze gleichzeitig an beiden Enden an!*

1. Oft sind wir abends nicht mehr motiviert, noch einmal neu durchzustarten.
2. Viele von uns fürchten sich vor dem dunklen, nasskalten Laufparcours im Stadtpark.
3. Und auch das Fitnessstudio am Abend spricht nicht jeden an.

Es gibt also viele Gründe, in die der innere Schweinehund sich flüchten kann, um uns vor diesem wichtigen Stressausgleich zu bewahren. Jeder von uns wacht mit Argwohn über seine persönliche Komfortzone, die er wie einen Schatz hütet, um sie vor äußeren Einflüssen abzuschotten. Und auf diese Zeit des Sich-gehen-Lassens sollte jeder von uns auf keinen Fall verzichten, im Gegenteil, dieser Ausgleich durch den bewussten Abstand vom Stress gilt es zu kultivieren. Die sportmedizinische Erfahrung zeigt, dass der Alltagsstress optimal durch Bewegung abgebaut werden kann und dass danach die Erholung intensiver und komplexer wahrgenommen wird. Die größten Hindernisse für die tägliche Bewegungspraxis liegen in den weiten Wegen zu den Trainingsstätten, in den schlechten Rahmenbedingungen allein durch ungünstige Wetterverhältnisse und in den vielfach komplizierten und anstrengenden Übungsprogrammen!

- Natürlich ist die Bewegung im Freien, ausgelebt durch Laufen, Jogging, Bergwandern etc. die Paradedisziplin des Menschen, aber hierzu ist ein weit geöffnetes Zeitfenster gefragt, das in Ballungsräumen nicht unbedingt zur Verfügung steht. Und wer von uns hat schon das geeignete Waldgelände direkt vor der Haustür? Für mich als Chirurg war Laufen direkt nach langen Operationen immer der beste Ausgleich, um danach zur Ruhe zu kommen, und ich bin ein Läufer der ersten Stunde in Deutschland nach dem Zweiten Weltkrieg. Bereits 1947 begannen meine Waldläufe im einsamen Eichholz in Mecklenburg, gelaufen bin ich aber auch im Vietnamkrieg am Strand von DaNang mit Kollegen, ganz zur Überraschung der amerikanischen GIs. Diesen Bewegungsausgleich habe ich bis ins hohe Alter beibehalten, auch aktuell, beim Schreiben dieser Zeilen in 1600 Metern Höhe in Graubünden. Hier begeistert mich meine Berglaufstrecke in faszinierender Landschaft, allerdings jeden zweiten Tag unterbrochen durch mein Tanzjogging auf dem häuslichen Trampolin, wobei allein schon die Tangomusik dafür sorgt, dass diese Art des Laufens für mich jedes Mal zu einem echten Erlebnis wird. Bei diesem Ausgleich geht es nicht um Leistung in einer bestimmten Zeiteinheit, im Vordergrund steht vielmehr die emotionale Gefühlswelt, die vom limbischen System gesteuert wird. Auf diesem Wege werden Glückshormone

Rituale – entspannt durch den Stressalltag 197

freigesetzt, die wesentlich dazu beitragen können, dass
Sie auf diesen Ausgleich bald nicht mehr verzichten können. Beim Ausdauertraining sind es die Beta-Endor-
phine, die den inneren Kick auslösen, analog zur Vagus-
Meditation, durch die das Glückshormon Dopamin um
bis zu 65 Prozent gesteigert werden kann.

> Die Glückshormone Endorphin beim Laufen und das Dopa-
> min in der Vagus-Meditation sind die eigentlichen Glücks-
> bringer, die unser Leben nachhaltig bereichern können!

Bewegung als neues Medikament im Stresszeitalter ist allerdings auch dosierungsabhängig, denn ein- oder zweimal
pro Woche reicht zum Stressausgleich nicht aus. Uns Menschen ist der tägliche Bewegungsausgleich auf den Leib geschrieben, wenn wir in dieser Welt wieder als Bewegungs-
wesen mit einem natürlichen Verhalten wahrgenommen
werden wollen. Diese Aussage gilt speziell für die Prävention, genauer gesagt für die sekundäre Prävention, wenn der
Körper bereits unter den stressbedingten Veränderungen
leidet: In der sekundären Prävention leuchten im Körper
bereits viele Warnlampen auf, die den Bewegungsausgleich
geradezu fordern:

- Erhöhter Blutdruck über 130/90 mm Hg
- »Böses« Cholesterin LDL mehr als 100 mg/dl
- »Gutes« Cholesterin weniger als 40 mg/dl
- Adipositas, dabei ist besonders auf das gefährliche
  Bauchfett zu achten, Grenzwerte für Frauen beim Bauch-
  umfang mehr als 88 cm, Männer 102 cm

In diesem Fall ist Handlungsbedarf durch Ihren Hausarzt angesagt, der in der Regel durch die Verordnung von Betablockern und Cholesterinsenkern gedeckt wird. Scheuen Sie aber die vielen Nebenwirkungen, dann kommt es auf die tägliche Bewegung im Ausdauerbereich an, möglichst in Verbindung mit der Vagus-Meditation (Meditation & More).

Bewegung als wirksames Medikament kann in der sekundären Prävention nur dann wirken, wenn die Dosierungsregel beachtet wird, die besagt, dass pro Woche 2000 kcal durch Bewegung verstoffwechselt werden müssen. Das erfordert einen täglichen Zeitaufwand von ca. 30 Minuten, der aus meiner Erfahrung ohne Tanzjogging nur schwer zu erbringen ist.

Bewegung in dieser Dosierung steht auch in einem direkten Verhältnis zur Muskulatur, dabei hat dieser Bewegungsmotor in den letzten Jahren für die Medizin eine grundsätzlich andere Bedeutung gewonnen. Die Skelettmuskulatur ist nicht nur für unseren Antrieb von Bedeutung, sie ist auch in der Lage, hormonähnliche Stoffe abzusondern, wie Bente Pedersen von der Universität Kopenhagen nachweisen konnte. Hunderte von entsprechenden Proteinen (Eiweißkörper) wurden inzwischen entdeckt, von zwölf kennt man die Wirkung auf Herz und Blutgefäße, auf Leber, Bauchspeicheldrüse, Knochen und Fettgewebe. Diese Botenstoffe wurden als Myokine bekannt, von denen das Interleukin-6 am besten erforscht ist, denn es kann gegen die krankmachende Wirkung des gefährlichen Bauchfetts wirken:

Rituale – entspannt durch den Stressalltag 199

- Diese Bauchfett produziert entzündungsfördernde Stoffe, z. B. den Tumor-Nekrose-Faktor (TNF).
- Dieses TNF fördert chronische Entzündungen.
- Chronische Entzündungen wiederum sind die entscheidende Ursache für die Arteriosklerose mit den Folgekrankheiten Bluthochdruck, Herzinfarkt, Schlaganfall und Typ-II-Diabetes.
- Myokine hemmen das Wachstum von Tumorzellen, so kann durch Ausdauertraining das Risiko von Brust- und Dickdarmkrebs um bis zu 30 Prozent gesenkt werden!
- Der trainierte Muskel nimmt mehr Glukose auf, damit sinkt der Blutzuckerspiegel, der Diabetes wird auf natürlichem Wege bekämpft. Auf diesem Weg können durch Bewegung im Zusammenhang mit einer Ernährungsumstellung und Gewichtsreduktion bei 50 Prozent der Typ-II-Diabetiker die Medikamente abgesetzt werden.
- Die Funktion der Bauchspeicheldrüse wird durch das Interleukin-6 verbessert.
- Myokine fördern die Knochenneubildung und wirken somit gegen die Osteoporose.

> Nur der arbeitende Muskel setzt viele Myokine frei (bis zu 100 Mal mehr Interleukin-6)! Eine wichtige Trendumkehr ist gefragt, denn im Durchschnitt verlieren Menschen in Deutschland im letzten Lebensdrittel ca. 7 kg Muskelmasse, die durch 20 kg Fett mehr als ersetzt werden.

Alle Fakten sprechen also für ein tägliches Bewegungstraining, und bei diesem häuslichen Tanzjogging kommt es darauf an, dass alle Motivationshebel eingesetzt werden, damit niemand dieser Erlebnisprävention widerstehen kann:

- In einer Zeit ohne Zeit brauchen wir ein Training der kurzen Wege;
- schnelle und leichte Verfügbarkeit des Ausgleichs;
- hohe Trainingswirkung bei geringer Belastung der Wirbelsäule und der Gelenke;
- Musik mit Antriebsförderung zur Stimmungsaufhellung;
- Verbesserung der Koordination mit hoher Antisturzwirkung;
- optimales Bewegungstraining für Übergewichtige, die beim Jogging nicht selten Gelenkprobleme bekommen.

Die Erfolgsquote beim Tanzjogging hängt von der Steuerung durch das emotionale Gehirn ab, das die Denk- und Wissenszentrale im Gehirn beherrscht. Gute Vorsätze allein reichen für eine Lebensstiländerung auf Dauer nicht aus. Wie bei den Ritualen nutzen wir auch hier die Chance der Hebb'schen Lernregel und verbinden die tägliche Dusche mit dem Tanzjogging. Nach sechs Wochen der Eingewöhnung werden wir das eine ohne das andere nicht mehr lassen können, also keine Dusche ohne Trampolin!

Tanzjogging, aber bitte täglich!
Noch ein wichtiger Hinweis für alle Berufstätigen, deren Zeitfenster unter der Woche nach der Arbeit praktisch geschlossen ist. Das tägliche Tanzjogging gilt für Montag, Dienstag, Mittwoch, Donnerstag, denn an diesen Tagen steht relativ wenig Freizeit zur Verfügung. Ab Freitag wird schon vielfach das lange Wochenende eingeläutet, an diesen drei Tagen können Sie dann nach Lust und Laune ihren Hobbys nachgehen, wie Jogging, Walking, Radeln, Bergwandern, Schwimmen etc. Dieser Stressausgleich braucht aber weitaus mehr Zeit als das Tanzjogging, das Training der kurzen Wege.

Mit dem Tanzjogging unter der Woche kann es allerdings

Rituale – entspannt durch den Stressalltag 201

eng werden, wenn am Abend ein Kino- oder Theaterbesuch ansteht, dann sieht das Freizeitprogramm wie folgt aus:

- 15 Minuten Tanzjogging direkt nach der Arbeit.
- Erst danach die entspannende Dusche.
- Das Abendbrot zu Hause fällt aus, wobei dieser bewusste Verzicht durchaus gesundheitsfördernde Wirkung haben kann.
- Wenn der Hunger allzu stark ist, kann man sich über kleine Snacks in den Pausen ganz gut über Wasser halten.

Das Minitrampolin – der Alleskönner unter den Trainingsgeräten
Trainingsgeräte gibt es zuhauf, und zwar in unterschiedlichen Qualitäten und Preisstufen. Das Preis-Leistungs-Verhältnis dieser schwingenden Matte ist optimal, denn es ist nicht teurer als ein paar hochwertige Laufschuhe, nur mit dem Unterschied, dass die »Treter« nicht immer optimal konzipiert und bei regelmäßigem Gebrauch nach einem Jahr abgelaufen sind. Das Trampolin ist inzwischen derart robust, dass Sie es eigentlich nicht verschleißen können. Wie viele Ruderanlagen und Ergometer stehen ungenutzt in Sportkellern, das kann Ihnen mit dem motivationsstarken Trampolin nicht passieren. Klein in seinen Ausmaßen (1,10 Meter Durchmesser) passt es in jede Miniwohnung, und mit seinen Klappbeinen kann es schnell hinter dem Schrank verschwinden.

Ein Vorteil, der nicht genug betont werden kann: Trampolintraining ist optimales Barfußtraining, sodass die Füße wieder auf ihre natürliche Grundbestimmung zurückgeführt werden können!

Der lebenslange Leidensdruck unserer Füße ist durch die zwangsweise Anpassung an moderne Absatzschuhe gewaltig. Auf dem Trampolin können sich unsere Füße endlich frei entfalten, die Fußmuskeln mit ihren Bändern werden gestärkt und die Tastnerven ihrer Grundbestimmung zurückgeführt.

Laufvergnügen durch Schwingungsenergie!
Das Wunder des Trampolins geht von seiner Schwingungsenergie aus. Hierdurch wird Bewegung im Schwerkraftfeld der Erde zum reinen Vergnügen, weil Sie über den Katapulteffekt der Matte nach oben geschossen werden und Ihnen die belastende Schwerkraft der Erdanziehung genommen wird. Für die Körperzellen allerdings, die Gehirnzellen einbezogen, nimmt durch die Katapultwirkung die Schwerkraft sogar zu, sie werden komprimiert. Im höchsten Kulminationspunkt herrscht für einen kurzen Moment Stillstand, die Impulsumkehr beginnt. Im freien Fall geht es dann der Erde (Matte) entgegen, das ist der Zustand der Schwerelosigkeit, in dem alle Zellen dekomprimiert werden. Druck und Druckentlastung wechseln somit synchron zur Start- und Landephase ständig ab, allein hierdurch entsteht ein gewaltiger Stoffwechselreiz, der bis ins Lymphsystem nachzuweisen ist.

Auch Betroffene mit Wirbelsäulen- und Gelenkarthrosen können »trampolinen«
Auf der schwingenden Matte wird der Körper mit seinen empfindlichen Gelenken derart zart abgebremst, dass sogar Betroffene mit Gelenkarthrosen davon profitieren können. Physikalisch ermöglicht diese Entlastung die schnelle Umwandlung der potenziellen Lageenergie des Körpers durch den kinetischen Bewegungsausgleich der elastischen Matte.

Hinzu kommt, dass ich Ihnen eine Technik auf dem Trampolin vermittle, die dem Skilanglauf in Diagonalform entspricht, sodass Sie bei jeder Fußlandung nicht hüpfen

Rituale – entspannt durch den Stressalltag

und springen, sondern die Matte mit Ihren Füßen »streicheln«.

Exzentrisches Trampolintraining macht es möglich!
Im Spitzensport wird betont exzentrisch trainiert, ich sagte es bereits. Im Alltag dagegen herrscht das konzentrische Programm vor, bei dem die belasteten Muskeln in der Anspannungsphase sich verkürzen. Das ist das gewöhnliche konzentrische Training. Beim exzentrischen Training geht es genau umgekehrt, während der Belastung kommt es gleichzeitig zu einer Längenerweiterung des angesprochenen Muskels. Bergläufer stärken ihre Laufmuskeln intensiver bergab, wenn die Muskeln unter Anspannung also gleichzeitig erweitert werden. Das ist ein typischer Bremsvorgang, der auch als »negative Arbeit« bezeichnet wird.

Und genau das machen die großen Beinmuskeln (Oberschenkelstrecker und Waden) bei der Landung auf der schwingenden Matte nach unten. Sie müssen bremsen und anspannen zugleich, eine große Trainingswirkung, die aber im Gegensatz zum Jogging auf hartem Boden auf der schwingenden Matte schwerelos und damit leicht vollzogen werden kann. Aus dieser Sicht heraus kann auch der folgende Test verstanden werden!

Ein interessanter Test zwischen Jogging und Minitrampolin
R. P. Schnorr und M. Ludwig an der SportClinik Zürich haben Jogging und Trampolin miteinander verglichen. Obwohl das Trampolintraining überhaupt nicht als anstrengend empfunden wurde, stieg die Sauerstoffaufnahme um das Vierfache, was einer Laufgeschwindigkeit von 8,3 km/h auf dem Laufband entsprach (50 Prozent der maximalen

Belastbarkeit). Das ist immerhin eine Geschwindigkeit, die Übergewichtige kaum längere Zeit durchhalten können.

Anstrengendes Jogging – beschwingtes Tanzjogging!
Es sind die physikalischen Gesetzmäßigkeiten der Erdanziehung mit 9,81 m/s², die beim Jogging Schritt für Schritt überwunden werden können und uns den Schweiß aus den Poren treiben. Es ist dieselbe Kraft, die auch einen Stein zu Boden fallen lässt.

Diese ermüdende Schwerkraft nimmt Ihnen auf dem Trampolin die schwingende Matte nach dem Raketenstart-Prinzip ab. Man muss sich allerdings fragen: Worauf ist denn die Trainingswirkung zurückzuführen, wenn uns die Matte die Arbeit abnimmt? Die eigentliche Belastung auf dem Trampolin beginnt gleichsam in spielerischer Form mit der Landung im Zustand der Schwerelosigkeit des ganzen Körpers ausschließlich über die Anspannung der Beinmuskeln in exzentrischer Form. Und da das exzentrische Training dem konzentrischen in der Trainingswirkung überlegen ist, kann auch die vierfache Sauerstoffaufnahme erklärt werden.

Beim Laufen und Jogging arbeiten die Laufmuskeln betont konzentrisch bei der Überwindung der Schwerkraft in der hinteren Abstoßphase des Fußes am Boden.

Umgekehrt arbeiten die Laufmuskeln auf dem Trampolin bei der Landung betont exzentrisch auf der nach unten ausweichenden Matte. Damit wird die Schwere der Erdanziehung vermieden, und das macht das Tanzjogging so beschwingt und leicht, ganz nach dem Motto: »Nur Fliegen ist schöner!«

Rituale – entspannt durch den Stressalltag

Ihr erster Auftritt

Wie Seeleute nach langer Fahrt beim Landgang, so vollzieht sich Ihr erster Auftritt auf dem Trampolin, nur in umgekehrter Reihenfolge, Matrosen verlassen den schwingenden Boden, Sie betreten ihn. Also behutsam Schritt für Schritt nähern Sie sich der elastischen Matte:

- Sie stehen auf beiden Beinen und wippen erst einmal auf und ab.
- Danach folgt die Gewichtsverlagerung von rechts nach links und umgekehrt.
- Jetzt versuchen Sie kurz auf einem Bein zu stehen, das andere heben Sie nur wenig von der Matte ab.
- Sie wippen zweimal auf einem Bein, dann folgt das andere etc.
- Sie wippen viermal auf einem Bein.

Jetzt beginnen Sie Schritt für Schritt mit der Lauftechnik

- Der rechte Fuß steht fest auf der Matte, das Knie ist nur leicht gebeugt.
- Jetzt schwingt das linke Bein nach vorn, das Knie bleibt weiter leicht gebeugt (kein Kniehebelauf). Der Schwung erfolgt im Hüftgelenk aus der maximalen Streckstellung heraus nach vorn, dabei wird der Vorfuß angehoben, die Zehen gestreckt.
- Der anschließende Rückschwung strebt der Landephase des Fußes auf der Matte entgegen.

Ganz entscheidend ist es, wie der Fuß auf der Matte landet

- Nämlich mit der Außenkante der Ferse als erster Aufsetzpunkt, dabei kippt der Fuß leicht nach außen im Sinne der Supination.
- Danach rollt der ganze Fuß über Ferse und Vorfuß ab.
- Der Abrollvorgang ist aber keine Gerade, sondern, wie könnte es anders sein: eine Spirale.

- Zum Abstoßen mit dem Vorfuß kippt jetzt der Fuß gering nach innen (Pronationsschub), sodass der Abdruckpunkt zwischen der ersten und der zweiten Zehe erfolgt.
- Beim Abstoßen des Fußes auf der Matte wird die Muskelarbeit durch den Katapulteffekt nachhaltig unterstützt und die Schwerkraft leichter überwunden. Hier liegt der Grund für die Schwerelosigkeit des Laufens auf dem Trampolin.
- Derweil bereitet sich das andere Schwungbein auf die Landung vor. Hierbei werden beim Aufsetzen mit der Ferse die Waden und Oberschenkel exzentrisch durch das Tieftreten der Matte beansprucht, und das ergibt den eigentlichen Trainingseffekt auf dem Trampolin, der allerdings ohne Schwerkraftbelastung erfolgen kann.

Diese spiralförmige Verschraubung des Fußes ist von großer Bedeutung, weil hierdurch ein optimaler Energietransfer erreicht wird. Die spiralförmige Abrolllinie am Boden ist erforderlich, weil zwei lineare Gelenkachsen (oberes und unteres Sprunggelenk) vereint werden müssen, und diese Verbindung schafft nur die Spirale, analog zur Kreuzung von zwei Autobahnen. (Siehe Abbildung S. 24.)

Natürlich wird die Abrollfläche des Fußes von der individuellen Beinachse mitbestimmt. So gesehen rollen Männer im Durchschnitt stärker über die Außenkante der Ferse ab (Supinationsläufer), weil die O-Beinstellung dominiert. Frauen mit ihrem breiteren Becken tendieren eher in die umgekehrte Richtung (Pronationsläuferinnen). Auf dem Trampolin hat das keine Konsequenzen, weil die elastische Matte den entsprechenden Ausgleich herstellt. Beim Schuhkauf sollte allerdings die individuelle Einstellung berücksichtig werden, die einen brauchen Supinations-, die anderen Pronationsstützen.

Zur exakten Beinarbeit kommt auf dem Trampolin die entsprechende Armarbeit hinzu.

- Dem rechten Schwungbein nach vorn folgt der linke Arm in der Diagonaltechnik, nur so ist stabiles Gleichgewicht möglich. Kamele im Passgang laufen instabil, weil die äußeren Extremitäten synchron arbeiten. Das wird Ihnen am Anfang auf dem Trampolin auch passieren, aber mit ein bisschen Übung haben Sie dieses Missgeschick schnell ausgeräumt.
- In der gesamten Vorbewegung des Armes achten Sie auf eine betonte Fingerstreckung, im Rückschwung ist Faustschluss angesagt, so bleiben die Beuger und Strecker im Gleichgewicht.
- Das Ellbogengelenk ist ca. 90 Grad gebeugt, sodass der Unterarm parallel zum Boden schwingt.
- Allein das geordnete Zusammenspiel zwischen den unteren und oberen Extremitäten auf dem Trampolin stellt hohe Anforderungen an die Koordination.
- Eine permanente Blickkontrolle vor einem Spiegel erleichtert Ihnen die Koordinationsarbeit und hilft Ihnen am Anfang bei der Sicherheit.

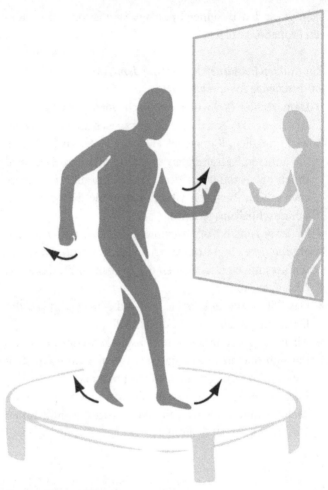

Trampolin und Spiegel

Mit Musik beim Tanzjogging geht alles besser

Nicht nur die schwebende Matte beschwingt, sondern auch die Musik, Musik allerdings mit antriebsfördernden Elementen (aufsteigende Akkorde, punktierte Noten, belebende Intervalle). Kein Trampolintraining ohne Musik. Das allein fördert die Steuerung durch das emotionale Gehirn, und nur so können Freude und Begeisterung entstehen, die in einem zweiten Schritt dafür sorgen, dass uns diese Art der Bewegung ein Leben lang nicht mehr loslassen wird. Hierfür ist allerdings eine bestimmte Wipptechnik erforderlich:

- Am Anfang steht die Doppel-Wipptechnik, in der der Standfuß zweimal hoch und runter schwingt, ohne die Matte zu verlassen, um danach zur Gegenseite zu wechseln, die den Doppelschlag fortsetzt etc.
- Gleichzeitig schwingen die Arme aus den Schultern heraus weit vor und zurück, beim Vorschwung kann die gestreckte Hand bis in Schläfenhöhe angehoben werden, Rückschwung im Faustschluss.
- In der Vierer-Wipptechnik wippen Sie viermal rauf und runter, und erst danach wechseln Sie zur Gegenseite und auch hier viermal wippen. Weiter Armschwung.
- Mit dieser Doppel- oder Vierertechnik gestalten Sie die ersten und letzten 10 Minuten auf dem Trampolin und gestalten so die Aufwärm- und die abschließende Abkühlphase.
- Dann bleiben Ihnen nur noch 10 Minuten für die eigentliche Belastungszeit, in der der Standfuß nicht mehr wippt, sondern direkt nach dem Abrollen abgestoßen wird. Das ist die eigentlich Kernzeit des Trainings, in der Sie echt gefordert werden. Sie können aber auch durchaus das gesamte Programm in der Zweier-Vierer-Technik gestalten.
- In dieser Kernzeit, aber auch davor und danach, ist

grundsätzlich Totraumtraining angesagt, was in der Prävention für alle Ausdauersportarten gilt.

● Sie atmen konsequent bei geschlossenem Mund durch die Nase aus und ein.

● Durch die Nasenatmung beim Ausdauertraining können Sie sich nicht überfordern, der Körper bleibt in der sauerstoffreichen Trainingszone (aerob), Sie bilden nicht zu viel Milchsäure (Laktat), das ist unverzichtbar für Ihre Gesundheit.

● Mit der Nasenatmung sind Sie somit beim Training immer auf der sicheren Seite, außerdem wird die Atemluft gereinigt, angewärmt und befeuchtet, Sie verhindern damit Halsinfekte.

● Gleichzeitig ersparen Sie sich teure Pulsmessgeräte und dergleichen, auch die Pulsmessung mit der Hand ist viel zu ungenau, um darauf das Training abzustellen.

● Sollten Sie allerdings Schwierigkeiten mit der Nasenatmung (Verlagerung der Scheidewand etc.) haben, ist ein HNO-Arzt zu konsultieren, der die Operationschancen abwägt, weil die Nasenatmung für Ihre Gesundheit nicht vernachlässigt werden darf.

Spezielle Kraftausdauer auf dem Trampolin mit Handgewichten

Männer, die sich gerne auspowern möchten, kommen auch auf dem Trampolin zu ihrem Recht, sie verwenden zwei Ein-Kilo-Handgewichte, die in der Hohlhand liegen und Schlaufen aufweisen, damit die Finger in der Vorbewegung der Hand maximale gestreckt werden können. Nur so werden Dysbalancen an der Hand vermieden. Sie schwingen auf dem Trampolin im Zweier- oder Vierertakt, dabei schwingen die Arme mit den Handgewichten weit nach vorn oben bis in Kopfhöhe. Beim Vierertakt muss das Gewicht deutlich länger in Frontposition gehalten werden, das

Rituale – entspannt durch den Stressalltag

strengt an. Auch die vorgestellten Seit-Kraulbewegungen sind mit den Handgewichten möglich. Frauen empfehle ich den Umgang mit 500-Gramm-Handgewichten. Und so gehen Sie vor:

- Sie beenden Ihr normales Trampolinprogramm, die letzten Minuten mit Handgewichten, wobei Sie sich langsam steigern werden.
- Männer mit ihrer Bizepskraft können aber auch 30 Minuten mit den Handgewichten arbeiten, dabei vertrauen Sie sich der Doppel-Vierertechnik an, wobei Sie sich in der Doppeltechnik immer wieder ausruhen können, denn im Vierertakt muss das Gewicht länger in Frontposition gehalten werden.
- Zwei Bewegungsvariationen können Sie wiederholt ins Training einbauen: Sie schwingen die Arme seitwärts mit gestreckten Fingern bis zur Horizontale, nicht darüber hinaus, um die Rotatorenmannschette der Schultergelenke zu schonen.
Sie vollführen die Kraulbewegung der gestreckten Arme weit nach oben und unten, dabei Faustschluss in der vorderen Bewegung nach unten und gestreckte Finger in der hinteren Bewegung der Arme von unten nach oben. Nicht ganz leicht, aber Übung macht den Meister.

Neue Körperwunder gegen Stress

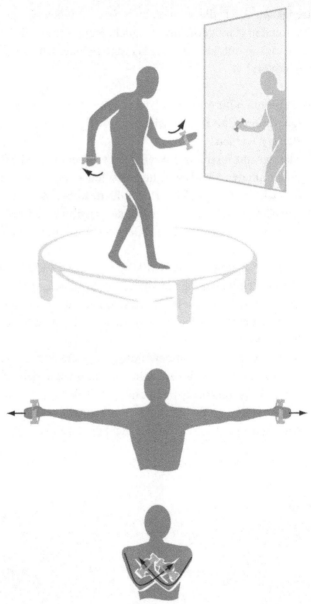

Handgewichte

Gegenschwung-Stretching und Bauchmuskeltraining der besonderen Art auf dem Trampolin

Jedes Training auf dem Trampolin beenden Sie mit der tiefen Entspannungshocke zur Dehnung des Rückens und zur Erweiterung des Spinalkanals. Sie gehen in der Mitte der Matte in die tiefe Hocke, die Füße stehen parallel, die Kniegelenke sind scharnierartig nach vorne ausgerichtet. Jetzt halten Sie sich am vorderen Trampolinrand mit den Händen fest und senken das Becken weit nach unten, um den Rücken zu runden.

Hocke auf dem Trampolin

Zum spiralkinetischen Stretching überkreuzen sich die Hände beim Halten, und Sie erreichen dadurch auch die schräg verlaufenden Rückenmuskel in ihrer Tiefenwirkung.

Aus der tiefen Hocke heraus verlagern Sie die Kniegelenke nach vorn auf die Matte und setzen sich auf die überstreckten Füße (spezielle Dehnung der Zehenbeuger mit Prävention gegen Krallenzehen und gegen den schmerzhaften Fersensporn).

Bauchmuskeltraining der guten Laune!
Zum krönenden Abschluss auf dem Trampolin folgt das beschwingte Bauchmuskeltraining, das durchaus mit einem Jauchzer beendet werden kann. Sie sitzen zentral auf der Matte, Sie heben die nach vorn gestreckten Beine betont von der Matte ab, die Arme sind ebenfalls nach vorn-seitlich gestreckt.

Und jetzt hüpfen Sie ganz nach Lust und Laune, so lange Sie wollen und vor allem können, 10 Sekunden, 30 Sekunden, eine Minute oder auch mehr, endlich ein Bauchmuskeltraining der guten Laune!

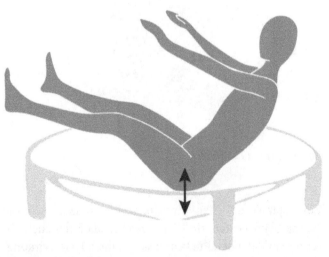

Bauchmuskeltraining

Prävention statt Operation

Das atemgesteuerte Ausdauertraining als Tanzjogging auf dem häuslichen Trampolin ist das Mittel der Wahl gegen alle Herz-Kreislauf-Erkrankungen, wie Herzinfarkt, Schlaganfall, Typ-II-Diabetes. Es verhindert das metabolische Syndrom (Bluthockdruck, Adipositas, Fettstoffwechselstörungen, Typ-II-Diabetetes), das man auch als das »Tödliche Quartett« bezeichnet. Wichtig ist die tägliche Umsetzung, um unserer natur-richtigen Begabung gerecht zu werden, denn wir sind nicht als Sitz-, sondern als Laufwesen auf diese Welt gekommen. Dieser tägliche Bewegungsausgleich im zeitengen Arbeitsalltag ist nach meiner Erfahrung nur mit dem häuslichen Minitrampolin möglich, der Laufstrecke, die immer in Ihrer Nähe ist, die optimal Ihre Gelenke schont und die durch die enge Bindung an die Dusche schnell zu einem unverzichtbaren Ritual werden kann.

Vagus-Meditations-Ritual gegen Schlafstörungen in der Nacht

Möglichen Schlafstörungen in der Nacht begegnen Sie in Zukunft mit Gelassenheit, denn Sie können sich ganz auf die Vagus-Meditation einstellen, mit der Sie am Arbeitsplatz schon gute Erfahrung gesammelt haben. Im Übrigen hat der letzte Gesundheitsbericht der DAK ergeben, dass 52 Prozent der arbeitenden Bevölkerung in Deutschlang unter Schlafstörungen leidet, und darauf haben Sie mit der Vagus-Meditation die richtige Antwort.

Die letzten Stunden des Tages verbringen Sie möglichst in entspannter Atmosphäre, damit Sie gut vorbereitet in Ihr »Schlafendes Zimmer« gelangen, in der allein die Einrichtung Sie auf Nachtruhe einstellt:

- Schon die Zimmerdecke als Sternenhimmel signalisiert uns die angebrochene Nacht.
- Gedeckte Farben an den Wänden ersetzen Leuchtfarben.
- Meditative Bildlandschaften verdrängen das Segelschiff in stürmischer See.
- Kein Fernseher, kein Radio, nur ein Abspielgerät für beruhigende, meditative Musik.

So können Sie sich ganz der Vagus-Meditation durch das »Cinema-intern« und durch die Kehlkopfvibrationen hingeben, schon beim Einschlafen fällt der Tagesstress von Ihnen ab, so beginnen Sie jede Schlafpause mitten in der Nacht mit entsprechender Zuversicht, ganz nach dem Motto: »Protestiere nicht gegen Stress, den du nicht verhindern kannst, nimm ihn an und mach das Beste draus.«

Prävention statt Operation
Die Vagus-Meditation ist das Mittel der Wahl gegen Stress, Schlafstörungen, Depression, Burn-out, weil durch sie unser »Großer Ruhe-Nerv« Vagus willentlich auf den Plan gerufen wird. Mit der Vagus-Mediation wurde die neurophysiologische Grundlage der klassischen Meditation entdeckt, die damit jede weltanschauliche Prägung verliert. Weltweit hat die Medizin, führende amerikanische Universitäten eingeschlossen, die hohe Wirkung der Meditation im Kampf gegen Stress und gegen die stressbedingten Erkrankungen anerkannt, und dabei stellt der Vagus die entscheidende Schaltstelle im menschlichen Körper dar!

Mit diesem Zeitplan können Sie ganz unbeschadet durch den Stressalltag gelangen, simpel und einfach zugleich, denn unser Leben stellt täglich hohe Anforderungen an uns. Stellen Sie sich einen Zeitplan auf, wann und wo Sie etwas für Ihre Entspannung tun können, berücksichtigen Sie dabei auch Ihre ganz persönlichen Begabungen und Interes-

Rituale – entspannt durch den Stressalltag

sen. Sorgen Sie für eine positive Grundstimmung bei den Übungen allein durch Musik mit Antriebsförderung beim Ausdauertraining und durch meditative Musik zur Vagus-Meditation. Setzen Sie bewusst die Hebb'sche Lernregel ein und überfordern Sie sich nicht, und wenn Sie sechs Wochen durchgehalten haben, klopfen Sie sich auf die Schulter und belohnen Sie sich – mit einem Präsent, das Sie bereits bei Trainingsbeginn festgelegt haben, einem Theaterbesuch, einer Städtereise, einem besonderem Festessen mit Freunden, denen Sie stolz über Ihr neues Leben berichten. Bei dieser Lebensstiländerung auf Dauer wünsche ich Ihnen alles Gute, viel Erfolg sowie Freude und Begeisterung bei der praktischen Umsetzung.

Anhang

Literatur

Becker, W./Krahl, H.: Die Tendopathien, Stuttgart 1978, Thieme

Benninghoff, A.: Spaltlinien am Knochen, eine Methode zur Ermittlung der Architektur platter Knochen. Anatomischer Anzeiger 1925, S. 189

Blech, J.: Bewegung, Frankfurt a.M. 2007, S. Fischer

Blüchel, K.G.: Bionik, München 2006, Goldmann

Blüchel, K.G./Malik, F.: Faszination Bionik, München, Bionik Media

Blüchel, K.G./Nachtigall, W.: Das große Buch der Bionik, Stuttgart/München 2000, Deutsche Verlagsanstalt

Boeckh-Behrens, W.-U./Buskies, W.: Gesundheitsorientiertes Fitnesstraining, Lüneburg 2002, Wehdemeier und Pusch

Brügger, A.: Die Erkrankungen des Bewegungsapparates und seines Nervensystems, Stuttgart 1980, Fischer

Burisch, M.: Das Bornout-Syndrom, Berlin 1989, Springer

Cerman, Z./Barthlott, W./Nieder, J.: Erfindungen der Natur, Hamburg 2005, Rowohlt

Cooper, K.H.: Antioxidantien, München/Wien/Zürich 1995, BLV

Cooper, K.H.: Bewegungstraining ohne Angst, München/Wien/Zürich 1986, BLV

Cramer, F.: Chaos und Ordnung, Stuttgart 1993, Deutsche Verlagsanstalt

Csikszentmihaly, M.: Das Flow-Erlebnis, Stuttgart 1985, Klett-Cotta

Csikszentmihaly, M.: Flow – Das Geheimnis des Glücks, Stuttgart 1995, Klett-Cotta

Csikszentmihaly, M.: Kreativität, Stuttgart 1996, Klett-Cotta

Davis, P.: Die Unsterblichkeit der Zeit, Bern/München/Wien 1995, Scherz

Davis, P.: Prinzip Chaos. München 1988, Bertelsmann

Döll, M.: Entzündungen, die heimlichen Killer, München 2005, F.A. Herbig

Dürr, H.P./Oesterreicher, M.: Wir erleben mehr als wir begreifen, Freiburg 2007, Herder

Dürr, H.P.: Auch die Wissenschaft spricht nur in Gleichnissen, Freiburg 2008, Herder

Anhang 219

Guggenbühl, A.: Wer aus der Reihe tanzt, lebt intensiver, München 2001, Kösel

Hagen, P.T.: Mayo Clinic – Das Handbuch zur Selbsthilfe. München 2002, Medeus

Hebb, D.: The organisation of behavior, Erlbaum Books, Mahwah, N.J. 2002

Heitzer, J.: Spiralen, Leipzig 1998, Klett

Hesse, R./Doflein, F.: Tierbau und Tierleben, Leipzig u. Berlin 1910

Hollmann, W./Hettinger, Th.: Sportmedizin. Arbeits- und Trainingsgrundlagen, Stuttgart 1990, Schattauer

Idrac, P.: Experimentelle Untersuchungen über den Segelflug, München/Berlin 1932

Ingelmark, B.E./Eckholm, R.: A study on Variations in the Thickness of Articular Cartilage in Association with Rest and Periodical Load, Uppsala 53, 1948, 61

Israel et al.: Die Trainierbarkeit in späteren Lebensabschnitten, Medizin und Sport 22, 1982, 90–93.

Jäger, W.: Die Welle ist das Meer, Freiburg, 2000, Herder

Janda, V.: Manuelle Muskelfunktionsdiagnostik, Berlin 1994, Ullstein Mosby

Kendall, F.P.: Muskeln, Funktionen und Test, Stuttgart 1988, Fischer

Moser, M., Thoma, E.: Die sanfte Medizin der Bäume, Servus, Salzburg

Müller, W.: Der Pulsschlag der Mineralquellen, Umschau 1951

Neer, C.S.: Impingement lesions, in: Clin. Orthop. 173, 1983, 70–77

Nigst, H./Buck-Gramckow, D./Millesi, H.: Handchirurgie, Stuttgart 1981, Thieme

Purce, J.: Die Spirale – Symbol der Seelenreise, München 1988, Kösel

Ricklin, P./Rüttimann, A./Del Buono, M.S.: Die Meniskusläsion, Stuttgart 1974, Thieme

Schauberger, V.: Unsere sinnlose Arbeit, Bad Ischl 2001, Schauberger

Schettler, G./Mörl, H.: Der Mensch ist so jung wie seine Gefäße, München 1991, Piper

Schilling, J.: Kau' Dich gesund, Stuttgart 2011, Trias

Schmidt, R.: Flug und Flieger im Pflanzen- und Tierreich, Berlin 1939

Schnack, G.: Der Große Ruhe-Nerv, Freiburg 2012, Kreuz

Schnack, G.: Fit in 7 x 7 Sekunden, München 2003, Kösel

Schwenk, T.: Das sensible Chaos, Stuttgart 2003, Freies Geistesleben

Servan-Schreiber, D.: Die neue Medizin der Emotionen, München 2006, Goldmann

Silbernagl, S./Despopoulos, A.: Taschenbuch der Physiologie, Stuttgart 1989, Thieme

Sobotta-Becher, J.: Anatomie des Menschen, München/Berlin 1962, Urban u. Schwarzenberg

Tittel, K.: Beschreibende und funktionelle Anatomie des Menschen, Jena 1990, Fischer

Weineck, J.: Sportbiologie, Erlangen 1988, Perimed

Wilber, K.: Das Spektrum des Bewusstseins. Reinbek 2003, Rowohlt

Wirhed, R.: Sport-Anatomie und Bewegungslehre, Stuttgart 1988, Schattauer

Zhang, Chang-Lin: Der unsichtbare Regenbogen und die unhörbare Musik, 2007, Monarda.

Präventivmedizinische Studien zu den Aussagen des Buches

1. Hambrecht R./Walther C: Endotheliale Dysfunktion bei kardiovaskulären Erkrankungen: Einfluss von körperlicher Aktivität. Deutsche Zeitschrift für Sportmedizin, Jahrgang 52, Nr. 6 (2001).

Körperliche Aktivität mindert die Dysfunktion des Endothels (der Zellmembran, mit der die Arterien ausgekleidet sind) durch eine Steigerung des L-Arginin-Stickstoffmonoxyd-Stoffwechsels. Dies erfolgt durch die Abnahme des Gefäßwiderstandes bei gleichzeitiger Einschränkung der Verklumpung der Blutplättchen. Ferner nimmt die Bereitschaft der weißen Blutkörperchen ab, sich an die Gefäßinnenwände anzuheften.

18 Männer im Anfangsstadium peripherer Durchblutungsstörungen (Schaufensterkrankheit) joggten vier Wochen lang täglich auf dem Laufband. Die Zahl der zirkulierenden Stammzellen verdreifachte sich. Diese Zellerneuerer machten sich auf den Weg, die erkrankten Blutgefäße von innen zu regenerieren.

2. Clark et al.: Meta-Analysis: secondary prevention programs for patients with coronary artery disease. Ann Intern Med. 143 (2005) 659–672 (1. Meta-Analyse).

In Daten von 63 randomisierten (d.h. zufällig ausgewählten) Studien bei 21 295 Patienten mit bekannter koronarer Herzkrankheit konnte eine Reduktion der Gesamtsterblichkeit dokumentiert werden.

3. Jolliffe et al.: Exercise-based rehabilitation for coronary heart disease (Cochrane review) (2. Meta-Analyse).

In 40 Studien bei 8440 Patienten mit koronarer Herzerkrankung konnte die Gesamtsterblichkeit durch körperliche Aktivität um 27 Prozent gesenkt, die kardiale Sterblichkeit um 31 Prozent reduziert werden.

4. Myers J. et al: Exercise capacity and mortality among men referred for exercise testing. N Engl J Med. 346 (2002) 793–801. (3. Meta-Analyse).

In dieser Studie konnte nachgewiesen werden, dass mit der Verbesserung der maximalen Sauerstoffaufnahmefähigkeit die Sterblichkeit bei Herzkranken abnimmt.

5. Hollmann W. et al: Laktatdiagnostik. Medizintechnik (1985), 105: 254–162.

Die Autoren fanden als optimalen Wirkungsgrad der Atmung den Punkt, bei dem mit einem Minimum an Atmungsaufwand ein Maximum an Sauerstoff aufgenommen wird; es handelt sich dabei um die »aerobe Dauerleistungsgrenze«. Das ist die Belastungsintensität, die ohne Inanspruchnahme anaerober, laktazicer Prozesse (also ohne Sauerstoffmangel) bewältigt werden kann, sodass ein Milchsäureanstieg im Blut vermieden wird.

6. Kindermann et al: The significance of aerobic-anaerobic transition for the determination of work load intensities during endurance training. Eur J App. Physiol 1979, 42: 25–34.

Die Autoren fanden an der aeroben Dauerleistungsgrenze einen ersten Laktatanstieg auf ca. 2 mmol/l (aerobe Schwelle). In der Regel erfolgt an diesem Punkt die Umschaltung der Nasen- auf die Mundatmung. Sie hielten diese Arbeitsbelastung ausreichend für ein Training zur Prävention und Rehabilitation.

7. Petruson B./Bjurö T.: The importance of nose-breathing for the systolic blood pressure rise during exercise. Acta otolarygol (Stockholm) 1990; 109: 461–466.

Diese Studie hat ergeben, dass bei nasaler Atmung der systolische Blutdruck unter Belastung um 13 mm/HG weniger anstieg.

8. Gordon et al: Exercise and mild essential hypertension. Recommendation for adults. Sports Medicine 1990; 10: 390–404.

Die Autoren empfehlen bei Bluthochdruck ein gemäßigtes Training zwischen 60–80 Prozent der maximalen Herzfrequenz, denn nach ihrer Aussage wirkt nur ein aerobes Training blutdrucksenkend.

9. Hollmann W.Gyárfás I.: Gesundheit und körperliche Aktivität (WHO und FIMS), Dt. Ärztebl 91 (50) (1994): 3511–3512.

Auf einer gemeinsamen Tagung der Weltgesundheitsorganisation (WHO) und des Weltverband für Sportmedizin (FIMS) in Deutschland 1994 wurde Bewegungsmangel an die Spitze aller Risikofaktoren für die Gesundheit gestellt.

10. Paffenbarger RS/Wing AL/Hyde RT: Physical activity as an index of heart attack risk in college alumni. Am J Epidemiol 108 (1978) 161–175.

Das Risiko der Herzinfarktentstehung jenseits des 40. Lebensjahres sinkt um 40–50 Prozent bei mehrfach durchgeführten aeroben dynamischen Aktivitäten, die einen wöchentlichen Mehrumsatz von ca. 2000 kcal bedingen. Ferner wurde festgestellt, dass bei regelmäßiger körperlicher Aktivität bei 72 488 Krankenschwestern zwischen 40 und 65 Jahren in einem Zeitraum von acht Jahren die Herz-Kreislauferkrankungen sich um 37

Prozent reduzierten. Wurde ein tägliches 2-Meilen-Walking absolviert (das entspricht 3,2 Kilometern), so sank bei 707untersuchten gesunden männlichen Nichtrauchern die Gesamtsterblichkeit um ca. 50 Prozent.

11. Kaprio J./Jujala UM/Koskenvua M./Sarna S.: Physical activity and other risk Factors in male twin-pairs discordant for coronary heart disease. Atheriosclerosis 150 (2000) 193–200.

In einer finnischen Zwillingsstudie mit Personen gleichen Erbgutes wurde zwischen dem 25. und 64. Lebensjahr eine Reduzierung von Herz-Kreislauferkrankungen um 43 Prozent beobachtet, wenn mehr als sechsmal pro Monat Sport getrieben wurde.

12. Witvrouw E. et al: Stretching and injury prevention in Sports Med 34 (2004) 443–449.

Die Autoren konnten nachweisen, dass durch Stretching die Viskosität (das elastische Fließverhalten) der Sehne nachhaltig beeinflusst werden kann, sodass die Sehne anpassungsfähiger wird.

13. Kubo et al. J Appl Physiol 90 (2001) 511–519 und J Physiol 538 (2002) 219–226.

Die Autoren konnten zeigen, dass durch Dehnen die viskoelastischen (das elastische Fließverhalten betreffenden) Fähigkeiten gesteigert werden und bereits einmaliges Stretchen die Sehnensteifigkeit vorübergehend vermindert. In einer Langzeitstudie zeigten sich nach einem 8-wöchigen Übungsprogramm mit zwei Stretchingeinheiten pro Tag eine signifikant verbesserte Compliance (Einstellungsbereitschaft) der Sehne.

14. Castillo-Richmond A. et al, Universität Fairfield, Indiana in Kooperation mit Universität L.A./California (Stroke 31, 2000, 568).

Die Autoren konnten zeigen, dass Meditation in der Lage ist, Gefäßverkalkungen in den Arterien zurückzubilden. Über sieben Monate untersuchten sie in zwei Gruppen Testpersonen, die unter Bluthochdruck bei bestehender Arteriosklerose litten. Danach verglichen sie die Meditationsgruppe mit einer Kontrollgruppe, die ein Gesundheitsvorsorgetraining in Verbindung mit gesunder Ernährung durchgeführt hatte. Die Messung erfolgte durch Ultraschall an der Kopfschlagader durch die Kontrolle der Intimadicke (die Intima ist die Innenwand der Schlagader). Nach sechs Monaten zeigte sich ein signifikanter Vorteil der Meditationsgruppe: Verringerung der Intimadicke um 0,1 mm in der Meditationsgruppe und Zunahme der Verdickung um 0,05 mm in der Kontrollgruppe.

Eine Verringerung der Gefäßwanddicke in dieser Größenordnung mindert das Risiko für Herzkreislauferkrankungen: vermindertes Herzinfarktrisiko von 11 Prozent, vermindertes Schlaganfallrisiko von 15 Prozent. Der Effekt der Meditation ist auf die Beruhigung eines überaktiven sympathischen Nervensystems zurückzuführen.

Anhang 223

15. Fries, J.F. Stanford University Kalifornien: Cardiovascular Risk Profile Earlier in Life and Medicare Costs in the last Year of Life Arch. Intern. Med.2005, 165:1028–1034.

Diese seit 1984 durchgeführte Langzeitstudie an 500 Menschen, die damals über 50 Jahre alt waren und mehrfach in der Woche joggten, hat bestätigt, was durch Megastudien weltweit seit langem belegt ist: Durch regelmäßiges Ausdauertraining im aeroben Bereich kann das Altern hinausgezögert werden, und zwar ein Leben lang. Die Forscher um James F. Fries kamen zu der Endaussage: »Sport nützt der Gesundheit mehr, als wir dachten.«

16. Framingham-Megastudie.
Die umfangreichste Herz-Kreislaufstudie der Welt belegt seit 1948 an 15 000 Personen
– die Wirksamkeit der Bewegung bei der Prävention,
– die Schutzwirkung des »guten« HDL-Cholesterins bei der Prävention von Herz-Kreislauferkrankungen,
– die Gefährlichkeit von Entzündungen bei der Entstehung von Gefäßschäden
– das erhöhte Risiko von Herz-Kreislauferkrankungen bei Frauen in der Menopause.

17. Havard School of Public Health: Medizinische Praxis Wissenschaft 03/07
In einer Megastudie an 23 681 Griechen zwischen 20 und 86 Jahren konnten Forscher der Universität Athen die Wirkung der meditativen Siesta am Mittag belegen und nachweisen, dass hierdurch das Sterblichkeitsrisiko für Herz-Kreislauferkrankungen um 37 Prozent gesenkt werden konnte.

18. Castillo, R.J. (1990). Depersonalization and meditation. Psychiatry, 53–168.

19. Goleman,D./Schwarz, G. (1976) Meditation as an intervention in stress reactivity. Journal of Consulting and Clinical Psychology, 44, 456–466.

20. Wallace, R.K. (1970). Physiological effects of transcendental meditation. Science, 167, 1751–1754.

21. Wallace, R.K./Benson, H./Wilson, A.F. (1971). A wakeful hypometaboloc state. American Journal of Physiology, 221, 795–799.

22. Niebel, G./Hanewinkel, R.: Gefahren und Mißbrauchspotential von Meditationstechniken, 1997, Kiel.

224   Neue Körperwunder gegen Stress

23. Saft, W.: Stille Zeit in einer schrillen Welt, Idea spectrum 13/07, 22.

24. Ottemann, Ch.: Meditation – ein Herzwort biblischer Frömmigkeit, Idea spectrum 14/07.

25. Ivanovski, B./ Malhi, G.S.: The psychological and neurophyiological concomitants of mindfulness forms of meditation. Acta Neuropsychiatrica, 19/07, 76–91

26. Michalak/Heidenreich, T.: Neue Wege der Rückfallprophylaxe bei Depressionen. Die achtsamkeitsbasierte kognitive Therapie. Psychotherapeut, 50, 2005, 415–422.

27. Smith, P./Chalmers, D.J.: Was ist Bewusstsein? Psychologie Heute Juli 99, 37–41

28. Lazar SW/Busch G./Gollub RL/Fricchione Gl./Khalsa G./Benson H.: Functional brain mapping of the relaxation response and meditation. NeuroReport, 11: 1581–1585, 2000

29. Lazar SW, Kerr C, Wasserman RH, Gray JR, Greve D, Treadway MT, McGarvey M, Quinn BT, Dusek JA, Benson H, Rauch SL, Moore CI, Fischl B.: Meditation experience is associated with increased cortical thickness. NeuroReport, 2005, 16: 1893-1897

30. Lazar SW/Benson H.: Function brain imagin and meditation. In: Complementary and Alternative Medicine in Rehabilitation. Leskowitz E. (ed.), St.Louis: Elsevier Health Sciences, 2002.

31. Kabat-Zinn, J.: zur Besinnung kommen. Arbor, Freiburg 2005

32. Schnorr, R.P./Ludwig, M. Sportmediziner der Sportclinik Zürich: Leistungstest Minitrampolin in »Sprechstunde Dr. Stutz« Resumée: in der Ausdauerbelastung ist das Minitrampolin genauso effektiv wie Jogging.

33. Liao, J.C./Beal, D.N./Lauder, G.V.: Fish exploiting vortices use less muscle. Science.

In wenigen Fällen ist es uns trotz großer Mühen nicht gelungen, alle Inhaber von Urheberrechten und Leistungsschutzrechten zu ermitteln. Da berechtigte Ansprüche selbstverständlich abgegolten werden, ist der Verlag für Hinweise dankbar.